कविता का परिसर

एक अन्तर्यात्रा

कविता का परिसर

एक अन्तर्यात्रा

रामेश्वर राय

वाणी प्रकाशन

वाणी प्रकाशन

4695, 21-ए, दरियागंज, नयी दिल्ली 110 002

शाखा

अशोक राजपथ, पटना 800 004

फ़ोनः +91 11 23273167 फ़ैक्सः +91 11 23275710

www.vaniprakashan.in
vaniprakashan@gmail.com

KAVITA KA PARISAR : EK ANTARYATRA
by Rameshwar Ray

ISBN : 978-93-5072-741-6
Criticism

प्रथम संस्करण

मूल्य : ₹ 325

हर्ष प्रिंटर्स, दिल्ली-110 093 में मुद्रित

वाणी प्रकाशन का लोगो मक़बूल फ़िदा हुसेन की कूची से

स्मृति की परिधि से बाहर
अपनी दिवंगता माँ को
सादर समर्पित

दो शब्द

विश्वविद्यालय के हिन्दी विभागों में कुछ सनातन किस्म की धारणाएँ बना दी गयी हैं। मसलन—निराला क्रान्तिकारी कवि हैं और प्रसाद पुनरुत्थानवादी, महादेवी की कविता रहस्यवादी है, अज्ञेय व्यक्तिवादी और समाज-विरोधी रचनाकार हैं जबकि मुक्तिबोध समाजचेता एवं यथार्थवादी हैं, नागार्जुन जनता के कवि हैं और शमशेर सौन्दर्य के। वे ही रचनाकार महत्त्वपूर्ण, महान और विचारणीय हो सकते हैं जो प्रेमचन्द की परम्परा के उत्तराधिकारी हों और उनके उत्तराधिकारी तो मार्क्सवाद में दीक्षित ज्ञानी जन ही होंगे! ऐसी धारणाओं ने विश्वविद्यालय के हिन्दी विभागों को काई से भरे हुए, पुराने और भुतहे तालाब में बदल दिया है। विचार की संस्कृति का सर्वाधिक व्यापक अकाल हिन्दी साहित्य के अध्ययन-अध्यापन के क्षेत्र में है तो इसकी एक बड़ी वजह ये अन्धविश्वासी धारणाएँ हैं। इन धारणाओं का विरोध इन निबन्धों का मूल स्वर है।

पुस्तक में संकलित निबन्ध किसी व्यवस्थित योजना के तहत नहीं लिखे गये हैं। कई तो मेरी सहयोगी और 'हस्ताक्षर' की सम्पादक डॉ. रचना सिंह के अनुरोध और दबाव के कारण लिखे गये।

मेरी गुरु श्रद्धेया निर्मला जैन से निरन्तर संवाद से अर्जित साहित्य-विवेक की छाया इन निबन्धों पर है।

अपने सैकड़ों विद्यार्थियों को याद करना चाहता हूँ जिनकी आँखों में मैंने साहित्य को साँस लेते हुए सुना है।

वाणी प्रकाशन के संचालक श्री अरुण माहेश्वरी का आभारी हूँ जिन्होंने बड़ी आत्मीयता एवं तत्परता से इस संकलन को प्रकाशित किया है।

रामेश्वर राय

हिन्दी विभाग
हिन्दू कॉलेज
दिल्ली विश्वविद्यालय

अनुक्रम

मानवीय संकल्प की अपराजेयता का काव्यात्मक आख्यान : राम की शक्ति पूजा

1

'राम की शक्ति पूजा' निराला की ही नहीं बल्कि सम्पूर्ण आधुनिक हिन्दी कविता की महान उपलब्धि है। बीसवीं शताब्दी की हिन्दी कविता में इस कृति की केन्द्रीयता का एक दिलचस्प इतिहास है। अपने प्रकाशन के आरम्भिक वर्षों में इसे आलोचना और उपेक्षा का सामना करना पड़ा। अधिकतर आलोचकों ने उसके भाषिक-विधान की ही चर्चा की। रामनरेश त्रिपाठी ने इसकी भाषा को बिच्छू झाड़ने का मंत्र कहा तो आचार्य रामचन्द्र शुक्ल ने इसे निराला की संस्कृतनिष्ठ भाषा का नमूना बताया। पंडित हजारी प्रसाद द्विवेदी ने 'राम की शक्ति पूजा' और 'सरोज-स्मृति' को निराला की श्रेष्ठ कविता मानते हुए लिखा– ''इनमें भाषा का अद्भुत प्रसार पाठक को निरन्तर व्यस्त बनाये रखता है।'' निराला के पहले सहृदय आलोचक नन्द दुलारे वाजपेयी ने उनकी काव्य-चेतना को मूलतः गीतात्मक मानते हुए 'राम की शक्ति पूजा' और 'तुलसीदास' को प्रयत्नसाध्य, अलंकारिक और कृत्रिम भाषा का उदाहरण बताते हुए लिखा– ''उक्त दोनों निर्मितियाँ भाव-संवेदन की मार्मिकता की दृष्टि से 'बादल-राग' और 'यमुना के प्रति' जैसी रचनाओं की तुलना में कमजोर जान पड़ती हैं।'' रामस्वरूप चतुर्वेदी ने भाषा और अद्भुत छन्द-सृष्टि के प्रसंग में ही 'सरोज-स्मृति' 'तुलसीदास' और 'राम की शक्ति पूजा' को एक साथ याद किया। सम्भवतः सुमित्रानन्दन पन्त ने पहली बार शिल्प और अन्तर्वस्तु के सन्दर्भ में 'राम की शक्ति पूजा' की श्रेष्ठता को रेखांकित किया– ''अपनी अबाध शिल्प-शक्ति के अदम्य वेग और सौन्दर्य-क्षमता के कारण वह हिन्दी में अभूतपूर्व कविता है।'' निराला काव्य के प्रबन्धधर्मी भाष्यकार और मार्क्सवादी आलोचक रामविलास शर्मा ने 'राम की शक्ति पूजा' के महत्त्व को इस तरह प्रतिष्ठित किया– 'राम की शक्ति पूजा' पाश्चात्य महाकाव्यों का अधिक स्मरण दिलाती है, प्राच्यों का कम। इन महाकाव्यों में उसका सान्निध्य सबसे अधिक 'पैराडाइज लॉस्ट' से है। यह कविता पुरातन और आधुनिक

काव्य में अद्वितीय है, जिसका अर्थ यह नहीं कि वह सर्वोत्कृष्ट है। वह नवीन है, किसी भी काव्य-सी मूल्यवान और हिन्दी की सम्पत्ति है।'' नामवर सिंह ने मुक्तिबोध की कविता 'अँधेरे में' की चर्चा करते हुए 'राम की शक्ति पूजा' को याद किया है–''मुक्तिबोध ने आधुनिक हिन्दी कविता में एक कालजयी कृति की रचना की है जिसे निस्संकोच निराला की 'राम की शक्ति पूजा' के बाद की सबसे बड़ी उपलब्धि माना जा सकता है।'' यह विचारणीय है कि किस तरह 'राम की शक्ति पूजा' भाषा-चर्चा के दायरे से निकल कर श्रेष्ठ कविता के प्रतिमान में बदल गयी।

'राम की शक्ति पूजा' की रचनात्मक श्रेष्ठता उसके महाकाव्यात्मक स्थापत्य के साथ अन्तर्वस्तु की बहुआयामिता के कारण भी है। मुक्तिबोध ने कविता को इस अर्थ में 'कालयात्री' कहा था कि वह शाश्वत वर्तमान होती है, इसलिए वह इतिहास और जीवन के प्रत्येक परिवर्तन से संवाद में सक्षम होती है। एक कालजयी कविता में मनुष्य की जातीय स्मृतियाँ, संघर्ष और सपने बचे रहते हैं। 'राम की शक्ति पूजा' के महत्त्व और उसकी अन्तर्वस्तु की व्याख्या विभिन्न कोणों से की गयी है। बच्चन सिंह और दूधनाथ सिंह ने 'राम की शक्ति पूजा' को निराला के जीवन-संघर्ष और आत्म-संघर्ष की कविता माना है। बच्चन सिंह ने लिखा है– ''आर्थिक, गार्हस्थिक, सामाजिक, साहित्यिक युद्ध में पराजित निराला अपनी मनोदशा को बदलने और पराजय के बोध को फेंकने के लिए नये मार्ग का अन्वेषण कर रहे थे। वे नये सिरे से एक और युद्ध करना चाहते थे। इसके लिए उन्हें 'राम की शक्ति पूजा' का 'ऑब्जेकिटव कोरिलेटिव' मिल गया।'' नन्द किशोर नवल ने 'राम की शक्ति पूजा' को 'पत्नी-प्रेम' की कविता मानने का आग्रह किया है– ''इस कृति की विशेषता है– कविता के केन्द्र में सीता की स्थापना। तात्पर्य यह कि यह शक्ति की उपासना की कविता न होकर पत्नी-प्रेम की कविता है। 'राम की शक्ति पूजा' में पत्नी-प्रेम और पत्नी-मुक्ति का अर्थ विस्तार इस रूप में होता है कि ये दोनों-नारी प्रेम और नारी-मुक्ति के पर्याय बन जाते हैं।'' यह सच है कि 'राम की शक्ति पूजा' में निराला के जीवन-संघर्ष और सीता के प्रति राम की गहरी रागात्मकता की छायाएँ मौजूद हैं, लेकिन इस कविता का महत्त्व इन छायाओं के अतिक्रमण में है। निर्मला जैन ने 'राम की शक्ति पूजा' को नैतिक सिद्धि का काव्य मानते हुए उसकी रचनात्मक अन्तर्वस्तु को स्वाधीनता आन्दोलन के केन्द्रीय प्रश्न से जोड़ दिया है–''तमाम अलौकिक चमत्कारों के रहते भी अपने प्रतीकार्थ में 'राम की शक्ति पूजा' नैतिक शक्ति की सिद्धि का काव्य है। इस नैतिक सिद्धि की पूर्ण व्यंजना स्वाधीनता संग्राम के उस सन्दर्भ में ग्रहण की जा सकती है जिसमें भारतीय जनता गाँधी के नेतृत्व में अंग्रेजी साम्राज्यवाद की विराट सैन्य-शक्ति के सम्मुख अपनी मुक्ति के लिए नैतिक बल

का सम्बल लेकर अहिंसात्मक युद्ध कर रही थी।'' इस समूची चर्चा से एक बात स्पष्ट है कि 'राम की शक्ति पूजा' हर पीढ़ी के आलोचकों के लिए विचारणीय कविता रही है और उसमें अर्थ-विस्तार एवं युग-सम्पृक्ति की अपार सम्भावनाएँ हैं।

2

राम-कथा की दीर्घ परम्परा में 'राम की शक्ति पूजा' एक विशिष्ट कड़ी है। इसका स्रोत बंगला के लोकप्रिय एवं मध्ययुगीन कवि कृत्तिवास की 'रामायण' है। निराला ने 'राम की शक्ति पूजा' में कृत्तिवास-रामायण की कई घटनाओं एवं पंक्तियों का उपयोग भी किया है। ऊपरी तौर पर 'राम की शक्ति पूजा' का विधान आख्यानमूलक है। 'शक्ति पूजा' को पढ़कर यह सवाल स्वाभाविक रूप से उठता है कि एक आधुनिक कवि को पौराणिक कथानक की जरूरत क्यों पड़ी? यह सवाल 'शक्ति पूजा' के साथ उन्नीसवीं सदी के भारतीय नवजागरण और बीसवीं सदी के स्वाधीनता-आन्दोलन के सन्दर्भ में भी उठता है। इस दौर में मिथकों एवं पुराणों की वापसी के समाज-मनोवैज्ञानिक और सांस्कृतिक निहितार्थ हैं। भारत के उपनिवेशीकरण के साथ जीवन-स्थितियों एवं सामाजिक सम्बन्धों में एक नये युग का सूत्रपात हुआ। अपने सांस्कृतिक प्रारब्ध और पश्चिमी सभ्यता के बीच सन्तुलन की खोज में परम्परा की नयी व्याख्याएँ शुरू हुईं। जातीय अस्मिता और आधुनिक सभ्यता के बीच सन्तुलन की खोज एक ऐतिहासिक आवश्यकता थी जिसने विवेकानन्द और बाद में गाँधी को सम्भव बनाया। छायावाद इसी ऐतिहासिक आवश्यकता की काव्यात्मक अभिव्यक्ति है। इसलिए प्रसाद की 'कामायनी' हो या निराला की 'राम की शक्ति पूजा'— इनकी अर्थ-मीमांसा परम्परा और आधुनिकता के इसी ऐतिहासिक सन्दर्भ में उचित होगी।

'राम की शक्ति पूजा' का महत्त्व एक पौराणिक प्रसंग को खड़ी बोली में प्रस्तुत करने में नहीं है। उसकी विशिष्टता एक पौराणिक आख्यान को भारत के स्वाधीनता-आन्दोलन और मनुष्य के संघर्ष से जोड़ देने में है। आधुनिकता उसके कथानक में नहीं, राम की चरित्र-परिकल्पना एवं स्थितियों की अर्थ-गर्भित व्यंजना में है। यह कविता राम के मिथकीय चरित्र को आधुनिक जीवन-स्थितियों से जोड़ती है। राम भारतीय जनमानस में बसे हुए ऐसे चरित्र हैं जिन्हें सहस्राब्दियों ने निर्मित और विकसित किया है। वाल्मीकि, भवभूति, तुलसी तथा निराला रामचरित के प्रतिनिधि कवि हैं। वाल्मीकि के राम एक पितृसत्तात्मक समाज के नायक हैं— ब्राह्मणवादी सामाजिक संहिताओं एवं सामाजिक मर्यादाओं के रक्षक। वे मानवीय दुर्बलताओं से पूरी तरह मुक्त नहीं हैं। जबकि तुलसी के राम परम ब्रह्म विष्णु के

अवतार हैं– 'विप्र धेनु सुर संत हित, लीन्ह मनुज अवतार।' वे संसार को नचाने वाले हैं– 'सबहिं नचावत राम गुसाईं।' राम की भृकुटी के टेढ़ी हो जाने मात्र से सृष्टि में प्रलय घटित हो जाता है– 'भृकुटि विलास सृष्टि लय होई।' इस राम के ब्रह्मत्व पर सन्देह करने वाले पाखंडी, पापी और नास्तिक हैं– 'पाखंडी हरि-पद विमुख जानहिं झूठ न साँच।' तुलसी के राम की मानवीय दुर्बलताएँ उनकी लीला-परिधि पर हैं। वस्तुतः 'मानस' के राम मध्यकालीन बोध से सम्पन्न और हिन्दी के सबसे बड़े कवि तुलसीदास की निर्मिति हैं। तुलसीदास की आस्था एवं उनकी मूल्य-चेतना को पीछे छोड़कर इतिहास ने जिन नयी स्थितियों को निर्मित किया उनमें संशय एवं आत्मसंघर्ष जीवन को परिभाषित करने वाले तत्त्व हो गये। निराला की इस कविता का महत्त्व राम के व्यक्तित्व को आधुनिक जीवन-स्थितियों एवं बोध की सापेक्षता में पुनर्गठन के कारण है।

निराला के राम तुलसी के राम की तरह शक्ति-युक्त होकर अवतरित नहीं हुए हैं। इसलिए 'शक्ति पूजा' में अवतारवाद या लीलावाद का निषेध है। अवतारवाद एक पौराणिक परिघटना मात्र नहीं बल्कि वह एक जीवन-विश्वास है जिसके अनुसार समूची सृष्टि प्रारब्धशासित है। मनुष्य की वैयक्तिक या सामाजिक समस्याएँ व्यवस्थाजनित नहीं बल्कि नियति-निर्धारित हैं। अवतारवादी आस्था में मानवीय निर्णय, संघर्ष या चुनाव का कोई अर्थ नहीं है क्योंकि सारा भविष्य अदृश्य रूप से घटित हो चुका है– 'होइहिं सोइ जो राम रचि राखा, को करि तर्क बढ़ावै साखा।' ईश्वर की करुणा और भक्त-वत्सलता ही मनुष्य को उसकी यातनाओं से मुक्ति दिला सकती है। अतः जीवन की सार्थकता समूची सृष्टि को संचालित करने वाली इस परमसत्ता यानी ईश्वर के प्रति समर्पण में है। स्पष्ट है कि अवतारवाद प्रतिरोध-विरोधी और यथास्थितिवाद को पुष्ट करने वाली जीवन-दृष्टि है। निराला के राम संशय, भय और विकलता से ग्रस्त हैं। तुलसी के जिस राम के नाम से संशय का पंछी उड़ जाता था, निराला में वह राम स्वयं संशयबिद्ध हैं–

स्थिर राघवेन्द्र को हिला रहा फिर-फिर संशय
रह-रह उठता जग-जीवन में रावण-जय भय

'शक्ति पूजा' के राम में 'रामचरितमानस' के राम का उदात्त धैर्य नहीं है। तुलसी के राम एक आस्थावादी कवि की सृष्टि हैं। आधुनिक जीवन-स्थितियों में आस्था सन्देहास्पद हो गयी है। वह सूखी रेत में नाव की तरह पड़ी है। इसलिए निराला राम के शील-सौन्दर्य की रक्षा नहीं कर सके।

'राम की शक्ति पूजा' के मध्ययुगीन आख्यान की सतह के नीचे ज़िन्दगी अपनी समूची गतियों के साथ सक्रिय है। परिवेश, राम की मनःस्थिति और युग की

ऐतिहासिक विडम्बनाओं की लहरें एक-दूसरे से मिलकर जीवन के संघर्ष और स्वप्न की सनातन कहानी रचती हैं। सूर्यास्त के बाद एक अनिर्णीत युद्ध से लौटे हुए राम की छवि कविता में दर्ज है—

रघुनायक आगे अवनी पर नवनीत चरण
श्लथ धनु-गुण है, कटि-बंध स्रस्त तूणीर-धरण
दृढ़ जटा-मुकुट हो विपर्यस्त प्रति लट से खुल
फैला पृष्ठ पर, बाहुओं पर, वक्ष पर, विपुल
उतरा ज्यों दुर्गम पर्वत पर नैशान्धकार
चमकती दूर ताराएँ ज्यों हों कहीं पार।

घायल, शिथिल और मानसिक रूप से पराजित राम का यह बिम्ब निराला के रचनात्मक आवेग और विराट कल्पनाशीलता का उदाहरण है जिसमें पौराणिक राम और निराला संघर्ष की समान भूमि पर खड़े दिखाई देते हैं।

राम की मनोदशा के घनीभूत प्रतिबिम्बन के लिए निराला ने दिगन्तव्यापी अन्धकार की पृष्ठभूमि निर्मित की है। खोयी हुई दिशाएँ, स्तब्ध पवन, अप्रतिहत गरजता विशाल सागर और ध्यानस्थ पर्वत— सभी मिलकर परिवेश को मूर्त करते हैं। अन्धकार का यह समूचा विस्तार 'केवल जलती मशाल' से भासित है, जैसे उम्मीद की मामूली रोशनी में निराशा का पठार दिखाई देता है। अन्धकार यहाँ पंचांग की अमावस्या या राम की निराशा के प्रतीक के रूप में ही नहीं है वह युद्ध की पृष्ठभूमि, राम की मानसिकता और इतिहास के उस समूचे दौर में फैला है जिसमें 'राम की शक्ति पूजा' की रचना हुई। अन्धकार की इतनी अर्थ-छायाओं वाली कविता हिन्दी में दुर्लभ है। साही ने इतिहास के उस दौर को अन्धकार-शासित युग के रूप में चिह्नित किया है— "रिक्तता और अँधेरा बीसवीं शताब्दी के चौथे दशक में समूचे भारत का केन्द्रीय संकट है। गाँधी अक्सर घोषित करते थे कि मैं अपने चारों ओर अन्धकार देख रहा हूँ। 'गोदान' में प्रेमचन्द की प्रकाश-अभ्यस्त आँखें हिम्मत करके अन्धकार को देखने की कोशिश कर रही हैं।" 'राम की शक्ति पूजा' के अन्धकार को देश-काल के विराट फलक तक फैला देने की क्षमता निराला के सर्जनात्मक कौशल और ऊर्जा का प्रमाण है।

संशय, विकलता और पराजय की आशंका के अन्धकार में बिजली की कौंध की तरह सीता की स्मृति क्षण भर के लिए राम को दुर्बलताओं से मुक्त करके उत्साह से भर देती है—

ऐसे क्षण अन्धकार घन में जैसे विद्युत
जागी पृथ्वी-तनया-कुमारिका-छवि, अच्युत...

सिहरा तन, क्षण भर भूला मन, लहरा समस्त,
हर धनुर्भंग को पुनर्वार ज्यों उठा हस्त,
फूटी स्मिति सीता-ध्यान-लीन राम के अधर,
फिर विश्व-विजय-भावना हृदय में आई भर

युद्ध-शिविर की अँधेरी रात में राग से भरी हुई सीता की आँखों की स्मृति को रावण का अट्टहास छिन्न-भिन्न कर देता है। जीवन की सर्वाधिक मधुमयी स्मृति से निर्वासित और रावण की अजेय शक्ति से आशंकित राम की छलछलाई आँखों का चित्रण 'राम की शक्ति पूजा' का मार्मिक और अविस्मरणीय प्रसंग है। राम की व्याकुलताओं और रोदन का चित्रण तुलसीदास में भी कम नहीं है। मारीच का वध कर लौटे हुए राम आश्रम में सीता को न पाकर साधारण मनुष्य की तरह दुखी हो जाते हैं—

आश्रम देखि जानकी हीना, भये विकल जस प्राकृत दीना।

वे पशु-पक्षियों, वृक्षों-लताओं तक से अपनी मृगनयनी सीता के बारे में पूछते फिर रहे हैं। लक्ष्मण-मूर्च्छा के समय राम का विलाप सुनकर वानर-भालू व्याकुल हो जाते हैं। लेकिन 'मानस' में यह सब राम की नर-लीला का अंग है, राम का वास्तविक अनुभव नहीं। राम की मानवीय विकलता को लीला से ढँक देने का तुलसी के भक्त-मन का यह हस्तक्षेप कविता के तनाव एवं उसकी सर्जनात्मकता को शिथिल कर देता है। निराला के राम मनुष्य होने की यातनाओं से घिरे हैं। वे दैवी विधान और रावण की शक्ति के सामने विवश हैं। लेकिन निराला के राम मनुष्य की दुर्बलताओं से ही नहीं, उसकी शक्ति और सम्भावनाओं से भी युक्त हैं—

वह एक और मन रहा राम का जो न थका
जो नहीं जानता दैन्य, जो नहीं जानता विनय...

साधना के अन्तिम चरण में दुर्गा द्वारा आखिरी कमल चुरा लिए जाने पर राम आत्मधिक्कार और आत्मदीनता से भर उठते हैं, लेकिन हताशा और दुर्बलता के इन्हीं तनावपूर्ण क्षणों में संकल्प और सम्भावना की किरण फूटती है। संकल्प ही सम्भावना है। आधुनिक मनुष्य के पास संकल्प ही शक्ति का एक मात्र स्रोत है। संकल्प की यह निष्कंपता ही दुर्गा में रूपान्तरित हो जाती है। राम की यह चरित्र-योजना 'शक्ति पूजा' को आधुनिक बोध से जोड़ देती है। आख्यान के ढाँचे में व्यक्ति-मनुष्य की दुर्बलताओं एवं शक्ति का समावेश 'राम की शक्ति पूजा' के आधुनिक भाव-बोध का प्रमाण है। अज्ञेय का मानना है कि 'राम की शक्ति पूजा' परम्परा का नवीनीकरण नहीं है। वह उस काल और संवेदना की कृति है जिसके लिए परम्परा और सामाजिकता अपर्याप्त पड़ गये थे और कवि में 'एक व्यक्ति वैशिष्ट्य सम्पन्न

इकाई' के बोध का उदय हो गया था। इसलिए आलोचकों ने उचित ही राम के संघर्ष में निराला के जीवन-संघर्ष की छाया देखी है। 'राम की शक्ति पूजा' से पूर्व निराला की दो कविताएँ प्रकाशित हो चुकी थीं। पहली 'सरोज-स्मृति' और दूसरी 'सच है'। 'सरोज-स्मृति' में अपने जीवन का सारांश दर्ज करते हुए निराला ने लिखा–

दुख ही जीवन की कथा रही
क्या कहूँ आज जो नहीं कही।

युद्ध वहाँ भी है– एकतरफा युद्ध। चतुर्दिक प्रहारों के बीच निहत्था और निरुपाय खड़े रहने और बार-बार पराजित होने की अभिशप्त नियति को निराला ने 'सच है' कविता में इस तरह व्यक्त किया–

बार-बार हार हार मैं गया
खोजा जो हार क्षार में नया
उड़ी धूल, तन सारा भर गया।
नहीं फूल, जीवन अविकच है
यह सच है।

जीवन की इन्हीं हारों के विरुद्ध 'राम की शक्ति पूजा' में निराला आख़िरी लड़ाई लड़ रहे हैं। कविता के भीतर तो वे विजय हासिल कर लेते हैं, लेकिन जीवन के कुरुक्षेत्र में हार का सिलसिला फिर भी नहीं थमता। 'बनवेला' में लिखा–

हो गया व्यर्थ जीवन मैं रण में गया हार।

'राम की शक्ति पूजा' के सुखान्त पर निराला के जीवन की त्रासदी मँडराती हुई दिखायी देती है। इसलिए राम की जीत हमें आश्वस्त नहीं करती। वह संघर्ष की स्वाभाविक परिणति नहीं, निराला की आकांक्षा का परिणाम लगती है। लेकिन यह आकांक्षा भी उपेक्षणीय नहीं है, क्योंकि इतिहास के विरोधी समय में ऐसी ही आकांक्षाओं से मनुष्य भविष्य के लिए शक्ति अर्जित करता है।

3

'राम की शक्ति पूजा' का मूल विषय युद्ध नहीं है। युद्ध केवल कविता के प्रस्थान बिन्दु पर है। युद्ध की प्रचंडता को निराला ने इस कविता की आरम्भिक अठारह पंक्तियों के एक वाक्य में प्रस्तुत कर दिया है। इस युद्ध में तुलसी के राम की कमल सरीखी आँखें क्रोध की ज्वाला से भर गयी हैं। विश्व को पराजित करने में समर्थ अपने दिव्यास्त्रों की विफलता से राम स्तब्ध हैं। रावण के प्रहारों से देह घायल है और तेज रक्त बह रहा है। धनुष पर मुट्ठियों का कसाव और बढ़ गया है, लेकिन रावण के प्रहारों को रोक पाना सम्भव नहीं हो पा रहा है। समूची सेना विचलित है। सुग्रीव,

अंगद, नल, जामवान, लक्ष्मण जैसे सेनापति रण-क्षेत्र में मूर्च्छित पड़े हैं। केवल हनुमान ज्वालामुखी के उदग्र पहाड़ की तरह रण-भूमि में सक्रिय हैं जिन पर जानकी की सारी आशा टिकी हुई है। यह एक अविस्मरणीय युद्ध है जो ज्योति के अनश्वर पत्र पर अंकित हो गया है।

'राम की शक्ति पूजा' में राम की पराजय का कारण स्पष्ट है– शक्ति अन्याय के पक्ष में चली गयी है–

अन्याय जिधर, हैं उधर शक्ति! कहते छल-छल
हो गये नयन, कुछ बूँद पुनः छलके दृग-जल

यह एक असामान्य स्थिति है जिसके आघात से राम की आँखें भर आती हैं। ये आँसू केवल राम के नहीं, उस समूची मूल्य-चेतना के हैं जिसकी आस्था सत्यमेव जयते में है। राम के रोने में भावुकता नहीं बल्कि निरुपायता और शक्ति के खेल के सामने विवश होने का पीड़ादायक बोध है–

निज सहज रूप में संयत हो जानकी-प्राण
बोले– "आया न समझ में यह दैवी विधान
रावण, अधर्मरत भी, अपना, मैं हुआ अपर
यह रहा शक्ति का खेल समर, शंकर शंकर!"

प्रतिमानवीय सत्ता के पक्ष में शक्ति का चले जाना मानवीय जीवन की आधुनिक परिघटना है। भारतीय जनमानस में तो शक्ति (दुर्गा, काली) आसुरी शक्तियों के विरोध में ही रही हैं। शक्ति का यह विचलन आधुनिक जीवन की ऐतिहासिक वास्तविकता है। संघर्ष पहले भी थे। पुराण देव-दानवों के युद्ध से भरे पड़े हैं। लेकिन पुराणों में युद्ध चाहे जितना कठिन और चुनौतीपूर्ण हो– देवताओं की जीत सुनिश्चित है। वस्तुतः सत्य और नैतिकता की अन्तिम विजय को लेकर पुराने समाज में कोई सन्देह नहीं है, जबकि आधुनिक जीवन में 'निश्चय' की अवधारणा पिघल गयी है। शक्ति अब मूल्य का पर्याय नहीं, एक निरपेक्ष सत्ता है। मनुष्य और मूल्य-विरोधी शक्तियों का निर्णायक रूप से प्रभावशाली हो उठना हमारे समय की ज़मीनी हकीकत है। जो ताकतवर है, वह अमानवीय भी है। 'राम की शक्ति पूजा' इस विपर्यय की विडम्बना और पीड़ा की कविता है। युद्ध में राम के मंत्रपूत बाणों की विफलता का भी एक आधुनिक आशय है। अगर इन बाणों को 'गोदान' के होरी और 'मैला आँचल' के बावनदास की संगति में देखा जाए तो आधुनिक जीवन की विडम्बना का पूरा मानचित्र बनता है। मानवीय आचरण और मूल्यों के प्रति आस्थावान होने के बावजूद राम, होरी और बावनदास पराजित हो जाते हैं। उनकी पराजय की जड़ें व्यक्तित्व की निजता में हैं या इतिहास में? इस प्रश्न के कोण से 'राम की शक्ति पूजा' आधुनिक जीवन-स्थितियों की साक्षी

बन जाती है। यह कविता परम्परागत नैतिकता और आस्था के ढाँचे में दरार पैदा करती है। इस दरार में ही आधुनिकता के बीज हैं।

निराला पर रामकृष्ण-विवेकानन्द के शक्तिवाद पर आधारित नव्यवेदान्त का गहरा प्रभाव था। रामकृष्ण परमहंस मानते थे कि ब्रह्म और शक्ति अभेद हैं, जैसे अग्नि और उसकी दाहिका शक्ति। विवेकानन्द का आह्वान था— अपने पर विश्वास करो। सब शक्ति तुममें है— इसे जान लो और उसे विकसित करो। कहो— 'हम सब कुछ कर सकते हैं।' विष्णुकान्त शास्त्री के अनुसार विवेकानन्द को यह श्लोक बहुत प्रिय था—

किन्नाम रोदसि सखे त्वयि सर्वशक्तिः
आमन्त्रयस्व भगवन् भगवदस्वरूपम्।
त्रैलोक्यमेतदखिले तव पाद मूले
आत्मैव हि प्रभवते न जडः कदाचित्।।

अर्थात्— हे सखे, तुम क्यों रो रहे हो? सब शक्ति तो तुम्हीं में है। हे भगवन्, अपने ऐश्वर्यमय स्वरूप को विकसित करो। ये तीनों लोक तुम्हारे पैरों के नीचे हैं। जड़ की कोई शक्ति नहीं— प्रबल शक्ति आत्मा की ही है। विवेकानन्द सोये भारत की इसी शक्ति को जगाकर एक स्वाधीन राष्ट्र का निर्माण करना चाहते थे। निराला ने विवेकानन्द की इस शक्ति-चेतना से प्रभावित होकर 'शून्य और शक्ति' नामक अपने निबन्ध में लिखा था— "हम समाज तथा साहित्य में अपनी बहुत दिनों की भूली हुई शक्ति को आमंत्रित करना चाहते हैं...।" इस निबन्ध में निराला ने शक्ति को विश्व-भावना, युग-धर्म और सर्जनात्मकता के रूप में रेखांकित किया था। स्पष्ट है कि 'राम की शक्ति पूजा' में जो शक्ति है उसका गहरा सम्बन्ध छायावाद की काव्यानुभूति और स्वाधीनता आन्दोलन से है। छायावाद में शक्ति को कल्पना की ऊर्जा, एक नये संसार के स्वप्न और उदात्त सौन्दर्यबोध में लक्षित किया जा सकता है। 'कामायनी' में प्रसाद ने शक्ति के विभिन्न रूपों में समन्वय के द्वारा मनुष्यता की विजय का आह्वान किया था। देव-सभ्यता के अवशेष रूप में बचे हुए हताश और भविष्यहीनता के अन्धकार से घिरे हुए मनु से श्रद्धा कहती है—

शक्ति के विद्युत-कण जो व्यस्त विकल बिखरे हैं हो निरुपाय
समन्वय उनका करो समस्त विजयिनी मानवता हो जाय।

मानवता को विजयिनी बनाने का तात्कालिक सन्दर्भ साम्राज्यवादी दासता से समूची तीसरी दुनिया और विशेष रूप से भारत की मुक्ति है। छायावाद में स्वाधीनता और शक्ति में गहरा सम्बन्ध है। एक नयी समाज-व्यवस्था और जीवन-संस्कृति के

लिए शक्ति से अर्जित स्वाधीनता जरूरी है। 'राम की शक्ति पूजा' में शक्ति का यही सांस्कृतिक-ऐतिहासिक सन्दर्भ विद्यमान है। स्वाधीनता-आन्दोलन में भी 'शक्ति' बहुत महत्त्वपूर्ण और अर्थ-गर्भित शब्द है। औपनिवेशिक दासता से मुक्ति के लिए प्रयुक्त शक्ति के अनेक रूपों में एक रूप गाँधीजी की 'आत्मशक्ति' का भी था। गाँधी की 'आत्मशक्ति' साम्राज्यवाद की विराट सैन्य और भौतिक शक्ति के प्रतिरोध में शक्ति की एक अभिनव अवधारणा थी जिसकी जड़ें भारतीय दर्शन और विश्व-दृष्टि में थीं। यह 'आत्मशक्ति' निर्भयता, संकल्प और स्वाधीनता को सम्भव बनाने वाली आन्तरिक ऊर्जा थी। गाँधीजी को लगता था कि जिस स्थूल शक्ति से भारत को गुलाम बनाया गया है, अगर उसी का प्रयोग स्वाधीनता के लिए होगा तो उससे एक नयी गुलामी की शुरुआत होगी। निराला की 'राम की शक्ति पूजा' में नव्यवेदान्त के शक्तिवाद और गाँधी की आत्मशक्ति का रचनात्मक रूपान्तरण देखा जा सकता है। पराजय-बोध और शक्ति से आहत राम को जाम्बवान का यह परामर्श राष्ट्रीय उद्‌बोधन में बदल जाता है—

बोले विश्वस्त कंठ से जाम्बवान— "रघुवर,
विचलित होने का नहीं देखता मैं कारण,
हे पुरुष-सिंह, तुम भी यह शक्ति करो धारण,
आराधन का दृढ़ आराधन से दो उत्तर,
तुम वरो विजय संयत प्राणों से प्राणों पर,
रावण अशुद्ध होकर भी यदि कर सका त्रस्त
तो निश्चय तुम हो सिद्ध करोगे उसे ध्वस्त,
शक्ति की करो मौलिक कल्पना, करो पूजन
छोड़ दो समर जब तक न सिद्धि हो रघुनन्दन!

राम की आराधना अंतस्साधनात्मक है, इसलिए उस प्रसंग में निराला ने चक्र, ध्यान, सहस्रार जैसे यौगिक शब्दों का प्रयोग किया है। अपनी आँख को बेधने के दृढ़-निश्चय के क्षण में देवी दुर्गा का प्रकट होकर राम का हाथ थाम लेना एक प्रभावशाली नाटकीय बिन्दु है जिसमें अलौकिकता के चमत्कार की तुलना में मानवीय संकल्प की दृढ़ता का बोध अधिक प्रभावकारी हो गया है। कविता में दुर्गा के मिथकीय रूप का जो चित्रण है वह आख्यान की अपेक्षा के कारण है। दुर्गा आशीर्वाद देकर चली नहीं जातीं, वे राम के बदन में विलीन हो जाती हैं। इस शक्ति को धारण करने की प्रक्रिया में राम 'पुरुषोत्तम नवीन' हो जाते हैं। शक्ति और मनुष्य का यह नया सम्बन्ध 'राम की शक्ति पूजा' को एक चमत्कारिक आख्यान से आगे ले जाकर युग और आधुनिक चेतना से जोड़ देता है। 'राम की

शक्ति पूजा' की यही मौलिकता राम, निराला और कविता– तीनों को विशिष्ट बनाती है।

4

'राम की शक्ति पूजा' जिस समय की रचना है उसमें कविता के विश्लेषण में काव्यरूप का सवाल अप्रासंगिक नहीं हुआ था। भारतीय काव्यशास्त्र में काव्यरूपों का प्रश्न इतना महत्त्वपूर्ण क्यों है? रूपों के वर्गीकरण का आधार रचना की अन्तर्वस्तु है या केवल उसकी देह-यष्टि? अन्तर्वस्तु और रूप असम्बद्ध श्रेणियाँ हैं या अन्योन्याश्रित है? छायावादोत्तर कविता में काव्य-रूप का सवाल क्यों अप्रासंगिक होता चला गया? ये प्रश्न महत्त्वपूर्ण हैं और विस्तृत मीमांसा की अपेक्षा करते हैं। बहरहाल, काव्य रूप के जो परिचित वर्ग हैं– महाकाव्य, खण्डकाव्य और मुक्तककाव्य, वे 'शक्ति पूजा' के सन्दर्भ में अपर्याप्त नज़र आते हैं। 1938 ई. में 'राम की शक्ति पूजा' पर पहला लेख रामविलास शर्मा का प्रकाशित हुआ था जिसमें उनका ध्यान इस कविता के काव्य रूप के प्रश्न पर गया था। उस लेख में उन्होंने लिखा कि–'राम की शक्ति पूजा' महाकाव्य नहीं है, खंडकाव्य भी नहीं, वह एक लम्बी कविता है, परन्तु उसमें इनके सभी गुण विद्यमान हैं। 'शक्ति पूजा' में परिवेश, घटनाओं और चरित्रों का गुम्फित संसार है जो उसे प्रबन्धात्मक विन्यास देता है, लेकिन साथ ही उसमें आत्माभिव्यक्ति का संस्पर्श और गीतात्मक आवेग भी है। प्रबन्ध और प्रगीतात्मकता का यह अनूठा मेल 'शक्ति पूजा' की अपनी विशेषता है। अन्तर्वस्तु की विराट और बहुआयामी छवियों तथा स्थापत्य की गरिमा के कारण उसमें महाकाव्यात्मक औदात्य है तो अनुभूति और आत्माभिव्यक्ति के कारण गीतात्मक आर्द्रता। पूरे चाँद की निस्तब्ध रात में यमुना की लहरों में ताजमहल की भीगती परछाईं। पत्थर और तरलता का एक विलक्षण सम्बन्ध। इस सम्बन्ध को क्या नाम दें?

'राम की शक्ति पूजा' की भाषा को लेकर उसके प्रकाशन के आरम्भिक वर्षों में बहुत कुछ नकारात्मक कहा गया जिसका एक नमूना नन्ददुलारे वाजपेयी का यह कथन है–" 'शक्ति पूजा' की आरम्भ की तीन पंक्तियों में भाषा की एक ऐसी कवायद है जिसका समर्थन केवल यह कहकर किया जा सकता है कि हिन्दी में भी ऐसी भाषा लिखी जा सकती है।" आज के उत्तर-औपनिवेशिक समय में जब भाषा, सम्बन्धों एवं मूल्यों की पवित्रता को एक पिछड़ी हुई धारणा मानकर केवल वर्तमान शासित व्यावहारिकता और उपभोग को ही प्रामाणिक मान लिया गया है, 'राम की शक्ति पूजा' की भाषा पर विचार एक पुरातात्त्विक कार्रवाई की तरह लग सकता है। पहली बात तो यह कि यह कविता ऐसी ही भाषा में लिखी जा सकती थी– नीले

आसमान में हिमालय के धवल शिखरों की तरह उदग्र, विस्मयकारी और उदात्त भाषा। 'शक्ति पूजा' की भाषिक तत्समता में जातीय स्मृति की समूची परम्परा और स्वाधीनता आन्दोलन की ऊर्जा की दीप्ति दिखायी देती है। यह ऐसी भाषा है जिसमें औपनिवेशिक भारत के बीहड़ अन्धकार और स्वाधीनता की अपराजेय आकांक्षा की मशाल का द्वन्द्व बिम्ब और प्रतीक की अद्वैत भूमि पर अपूर्व भाव के साथ दिखायी देता है। भाषा की अनेक छवियाँ निराला के रचनात्मक सामर्थ्य से जगमग है। आचार्य हजारी प्रसाद द्विवेदी ने कबीर के लिए कहा था– भाषा पर उनका जबर्दस्त अधिकार था। बिना किसी संशोधन के यही बात बीसवीं शताब्दी के इस महाकवि के लिए भी कही जा सकती है। यह अनुमान लगाना कठिन है कि–

उद्‌गीरित-वह्नि-भीम-पर्वत-कपि-चतुःप्रहर,
जानकी-भीरु-उर-आशाभर-रावण-संवर।'

जैसी भाषा के पड़ोस में यह भाषा भी है–

लौटे युग-दल। राक्षस-पदतल पृथ्वी टलमल...

कविता की भाषा जीवन के दैनिक प्रयोजनों से शासित नहीं होती। वह मनुष्य के सभी कलात्मक अनुशासनों की नीड़ है। इसलिए कविता में संगीत, स्थापत्य, मूर्ति और चित्रकला की आत्माएँ यात्रा करती हैं और काव्य भाषा पर इन यात्राओं के मूल्यवान निशान होते हैं।

'राम की शक्ति पूजा' के स्थापत्य में तीन बातें विचारणीय हैं–विराटता, नाटकीयता और भाषा की आवयविक संश्लिष्टता। पूरी कविता विराट दृश्यों से भरी हुई है। यहाँ तक कि युद्ध से लौटे हुए राम के खुले हुए केश दुर्गम पर्वत पर रात के उतरते अन्धकार का आभास कराते हैं–उतरा ज्यों दुर्गम पर्वत पर नैशान्धकार। इसी तरह–

'है अमा निशा; उगलता गगन घन अन्धकार'
'शत घूर्णावर्त तरंग-भंग उठाते पहाड़'
'देखा, हैं महाशक्ति रावण को लिए अंक
लांछन को ले जैसे शशांक नभ में अशंक'– और
'निशि हुई विगतः नभ के ललाट पर प्रथम किरण
फूटी, रघुनन्दन के दृग-महिमा ज्योति-हिरण'

जैसी पंक्तियाँ निराला की विराट कल्पनाशीलता का प्रमाण और हिन्दी कविता की अमूल्य निधि हैं। 'राम की शक्ति पूजा' में विराटता निराला का रचना-कौशल मात्र नहीं है बल्कि उसमें स्वाधीनता-आन्दोलन की उस महाकाव्यात्मक ऊर्जा का आवेश है जिसने गाँधी, रवीन्द्रनाथ ठाकुर, प्रसाद, प्रेमचन्द और आचार्य रामचन्द्र शुक्ल जैसे

व्यक्तियों का निर्माण किया। 'राम की शक्ति पूजा' अपने समय को रचती भी है और उसकी साक्षी भी है।

'राम की शक्ति पूजा' की नाटकीयता उसके दृश्यबंध, संवाद-योजना और घटनाओं की योजना तक सीमित नहीं है। नाटकीयता इस कविता की अन्तर्योजना का मूल आधार है। एक दृष्टि से पूरी कविता ही एक नाटक है जिसका आरम्भ सूर्यास्त से और अन्त राम के संकल्प के प्रभात में हुआ है। यह कविता मनुष्य की दुर्बलताओं और शक्ति की द्वन्द्व-कथा है जिसे निराला ने नाटकीय स्थितियों एवं क्रिया-व्यापारों में विकसित किया है। राम-रावण के भीषण युद्ध में बदलती हुई व्यूह-रचना और घात-प्रतिघात की नाटकीय त्वरा कविता का महत्त्वपूर्ण प्रसंग है। राम की मनोदशा के चित्रण के लिए प्राकृतिक पृष्ठभूमि की अर्थ-गर्भी योजना भी इस कविता का रचनात्मक और नाटकीय प्रसंग है। अन्धकार, व्याकुलता और आत्महीनता से घिरे हुए राम के मन में संकल्प का उदय एक सशक्त नाटकीय क्षण है जहाँ दुर्गा प्रकट होकर राम का हाथ थाम लेती हैं। 'राम की शक्ति पूजा' की नाटकीयता उसके आख्यानमूलक कथानक को मानवीय जीवन-स्थितियों से जोड़ती है। 'राम की शक्ति पूजा' को आधुनिक भाव-बोध से सम्पन्न कविता बनाने में नाटकीयता की भूमिका निर्णायक है।

'शक्ति पूजा' में काव्यभाषा के जो विभिन्न उपकरण हैं— बिम्ब, प्रतीक, उपमान-योजना, वे अलग-अलग नहीं हैं। कविता के रचनात्मक आवेग में वे एक-दूसरे में संक्रमित होते रहते हैं। राम-रावण के अनिर्णीत युद्ध की पीठिका में सूर्यास्त का दृश्य एक विराट काव्य-बिम्ब है, राम की पराजित मनोदशा का प्रतीक भी। इसी प्रकार 'है अमानिशा उगलता गगन घन अन्धकार' वाले प्रसिद्ध काव्यांश में बिम्ब और प्रतीक की समानान्तर उपस्थिति है।

आलोचकों ने प्रायः 'राम की शक्ति पूजा' के साथ 'सरोज-स्मृति' का भी उल्लेख किया है। कई आलोचकों ने तो 'सरोज-स्मृति' को 'राम की शक्ति पूजा' से श्रेष्ठ कविता माना है। इसलिए 'सरोज-स्मृति' की चर्चा के बिना 'राम की शक्ति पूजा' का विश्लेषण अधूरा ही रहेगा। 'सरोज-स्मृति' छायावादी स्वप्नशीलता की टूटन की कविता है जबकि 'शक्ति पूजा' इस टूटन के विषाद को फोड़कर निराला और छायावाद की सृजनशीलता को प्रमाणित करने वाली कविता है। 'सरोज-स्मृति' निराला के जीवन की त्रासदी की कविता है जबकि 'शक्ति पूजा' मानवीय संघर्ष, संकल्प और विजय की रचना है। यहाँ उल्लेखनीय है कि 'सरोज-स्मृति' की त्रासदी और उसमें चित्रित कवि का जीवन-संघर्ष आधुनिक जीवन के अधिक निकट है, जबकि 'शक्ति पूजा' में परम्परागत आस्था का अवशेष विद्यमान है। 'शक्ति पूजा'

की केन्द्रीय चिन्ता सीता की भावी मुक्ति से जुड़ी है जबकि 'सरोज-स्मृति' में पाने और खोने का सारा अर्थ खत्म हो गया है। हालाँकि दोनों कविताओं का काव्यरूप प्रदीर्घ या लम्बी कविता का है, लेकिन 'शक्ति पूजा' का स्थापत्य एक महाकाव्यात्मक गरिमा से युक्त है। अन्तर्वस्तु की बहुस्तरीयता और विलक्षण स्थापत्य की श्रेष्ठता के कारण 'राम की शक्ति पूजा' 'सरोज-स्मृति' की तुलना में बेहतर कविता है।

प्रत्येक रचना अपने समय में कीलित होती है। कवि केवल अन्तर्वस्तु ही नहीं, काव्यात्मक उपकरणों का चुनाव भी अपने समय के भीतर से ही करता है। लेकिन वह अपने पाठ की धुरी पर ही पृथ्वी की तरह काल में यात्रा करती है। इस तरह इतिहास से जन्म लेकर वह इतिहास का अतिक्रमण करती है। अतिक्रमण की यही क्षमता किसी रचना की श्रेष्ठता का प्रतिमान होती है। 'राम की शक्ति पूजा' में औपनिवेशिक भारत की पराधीनता का अँधेरा और 'अन्याय जिधर है उधर शक्ति'—की ऐतिहासिक वास्तविकता व्यंजित है। आज भी स्थितियों में तात्त्विक अन्तर नहीं आया है। अँधेरे की शक्तियाँ अधिक संगठित हुई हैं और मशाल की लौ धीमी पड़ रही है। 'शक्ति पूजा' में 'रावण-महिमा-श्यामा-विभावरी'— यानी राम रावण और अन्धकार से घिरे हुए थे— लेकिन उनके पास एक संकल्पशील मन भी था। धर्म, मूल्य और सीता की मुक्ति के सपने जीवित थे। आज प्रतिरोध के सभी केन्द्र टूट गये हैं। मध्यवर्गीय भोग लिप्सा और आत्मकेन्द्रिकता की 'अमानिशा' में सूर्य के अश्व रास्ता भटक गये हैं। 'शक्ति पूजा' की रचनात्मकता भविष्य के प्रति एक उपदेशात्मक भरोसा पैदा करने में नहीं, बल्कि निरुपायता और हताशा के उस तल पर ले जाने में है जहाँ सकर्मकता और आत्मशक्ति की नयी सुबह हमारी प्रतीक्षा कर रही है।

विस्मृति के अन्धकार के विरुद्ध स्मृति की आलोक-कथा : असाध्य वीणा

'असाध्य वीणा' अज्ञेय के 1961 में प्रकाशित काव्य-संग्रह 'आँगन के पार द्वार' में संकलित एक प्रतिनिधि एवं चर्चित कविता है। यह अज्ञेय की काव्यानुभूति तथा उनके काव्य-दर्शन को सर्जनात्मक स्तर पर व्यक्त करने वाली रचना है। प्रसाद की 'प्रलय की छाया', निराला की 'राम की शक्ति पूजा' और मुक्तिबोध की 'अँधेरे में' जैसी कालजयी रचनाओं की कतार में 'असाध्य वीणा' भी छायावादोत्तर हिन्दी कविता की एक बड़ी उपलब्धि है। यह कविता कई कारणों से हमारा ध्यान खींचती है। अगर हम साठोत्तरी रचना परिदृश्य को याद करें, तो अनास्था और मोहभंग का एक गाढ़ा धुआँ हर तरफ दिखाई देता है। इस समय में अकविता का विक्षिप्त और विकृत विद्रोह अपनी उन्मादी अराजकता के साथ विद्यमान है। सातवें दशक से पहले भी 'अन्धा युग', 'मैला आँचल', और 'माया दर्पण' जैसी कृतियों में भविष्यहीनता और मानवीय आदर्शों की पराजित परछाइयाँ दिखाई देती हैं। 'अन्धा युग' में युयुत्सु की आत्महत्या, अश्वत्थामा का नरपशु में रूपान्तरण तथा 'मैला आँचल' में एक तस्कर कांग्रेसी नेता द्वारा बावनदास की हत्या जैसी घटनाएँ भारतीय समाज में मूल्यहीनता और प्रतिमानवीय शक्तियों के पसरते अँधेरे का संकेत देती हैं। ऐसे में 'असाध्य वीणा' का—

'अवतरित हुआ संगीत
स्वयंभू
जिसमें सोता है अखंड
ब्रह्मा का मौन
अशेष प्रभामय।

चकित करता है। अपने सामाजिक, ऐतिहासिक परिवेश के औसतपन से भिन्न असाध्य वीणा भाषा और अन्तर्वस्तु के स्तर पर जिस उदात्त संसार का निर्माण करती है, उस पर विचार करने की जरूरत है। इस कविता की विशिष्टता की एक

वजह और है— उसका आख्यानधर्मी प्रदीर्घ रचना विन्यास। अनुभूति के ताप से रची होने के कारण अज्ञेय की कविताएँ प्रायः छोटी होती हैं। लेकिन 'असाध्य वीणा' अज्ञेय के इस काव्य स्वभाव की सरहदों से बाहर निकलती है। वह अज्ञेय की काव्यानुभूति और काव्य-चिन्तन को एक आख्यान के माध्यम से व्यक्त करती है।

इस कविता का आधार एक जापानी लोककथा है जिसे अज्ञेय ने रचना-प्रक्रिया और संप्रेषण के प्रश्न से जोड़ दिया है। इस कविता पर शीतयुद्ध की वैचारिक टकराहटों की छाया है। यह मार्क्सवाद के निश्चयात्मक यथार्थ एवं रचना-प्रक्रिया की वस्तुवादी व्याख्याओं का प्रत्याख्यान है। इसलिए इस कविता की मूल प्रेरणा भावात्मक नहीं है। स्मृति एवं अनुभूति की गीतात्मक तरलता को यह कविता विचारों की ठोस भूमि पर धारण करती है। आख्यान के स्तर पर इस कविता की शुरुआत प्रियंवद नाम के एक कलाकार के आगमन से होती है जो केशकंबली-गुफागेह है। वह राजा के अनुरोध पर उस वीणा को बजाने के लिए आया है, जो उत्तराखंड के गिरि प्रांतर से बहुत पहले आयी थी तथा जिसको बजाने में सभी जाने-माने कलावंत असफल हो गये थे। इसीलिए यह वीणा 'असाध्य वीणा' के नाम से मशहूर हो गयी थी। इस वीणा को वज्रकीर्ति नाम के साधक ने अभिमंत्रित किरीट तरु से गढ़ा था, अपने पूरे जीवन की साधना के बाद—

उसी किरीट तरु से वज्रकीर्ति ने
सारा जीवन इसे गढ़ा
हठ-साधना यही थी उस साधक की—
वीणा पूरी हुई, साथ साधना, साथ ही जीवन लीला।

राजा को विश्वास है कि वज्रकीर्ति की यह कठिन तपस्या व्यर्थ नहीं जाएगी। जिस दिन कोई 'सच्चा स्वरसिद्ध' इस वीणा को अपनी गोद में लेगा, उस दिन इससे संगीत ध्वनित होगा। इस विश्वास के साथ वह 'असाध्य वीणा' को प्रियंवद के हाथ सौंपता है। सच्चा कलाकार होने के कारण प्रियंवद अपने को शिष्य-साधक तथा 'जीवन के अनकहे सत्य का साक्षी' मानता है। इस मानने में कृत्रिम विनम्रता नहीं, बल्कि भक्त कवियों की सी अहंकारहीनता है— विराट के सम्मुख अपनी लघुता की सहज और अकुंठ स्वीकृति। इसी सहज और विनम्र आत्म-स्वीकृति में विराट की अनुभूति का अंकुर फूटता है। कला और जीवन की सार्थकता की अनुभूति विसर्जन की इसी भाव-भूमि पर होती है। प्रियंवद राजा से कहता है—

वज्रकीर्ति!
प्राचीन-किरीटी तरु!

अभिमंत्रित वीणा!

ध्यान मात्र इनका तो गद्‌गद विह्वल कर देने वाला है।

कविता में अज्ञेय ने किरीट तरु की विराटता को प्रभावशाली काव्य-बिम्बों एवं मिथकीय स्मृतियों के सहारे प्रस्तुत किया है। इस वृक्ष की विस्मयकारी विराटता प्रियंवद के सीमित अनुभव वृत्त को तोड़ देती है। इस पवित्र वृक्ष के–

कानों में हिमशिखर रहस्य कहा करते थे

कन्धों पर बादल सोते थे

उसकी छाया हिम वर्षा से पूरे वन यूथों का कर लेती थी परित्राण।

पाताल तक फैलीं– 'उसकी गन्ध-प्रवण जड़ों पर फन टिका कर वासुकि नाग' सोता था। वसन्त और पतझड़ की हजारों गतियों ने इसके रूप को सँवारा था। 'वह व्याकुल मुखरित वन ध्वनियों के वृंद गान का मूर्त रूप था।' विराटता की इस सघन अनुभूति में प्रियंवद की इयत्ता पिघल जाती है। इसी क्षण में वीणा मुखरित होती है। इस वीणा का संगीत अलग-अलग श्रोताओं में अनुभूति और विचार के अलग-अलग सन्दर्भ रचता है। राजा को लगता है कि जयदेवी वरमाला लिए मंगल-गीत गा रही है। रानी को सुनाई पड़ता है– 'सब अन्धकार के कण हैं ये। आलोक एक है। प्यार अनन्य।' किसी को 'बटुली' में बहुत दिनों के बाद अन्न की सोंधी खुदबुद सुनाई देती है तो किसी अन्य को उस संगीत में 'नयी वधू की सहमी सी पायल ध्वनि' सुनाई पड़ती है। शिशु की किलकारी, जाल में फँसी मछली की तड़पन, मुक्त नभ में उड़ती चिड़िया की चहक, मन्दिर की घंटा ध्वनि तथा लंगर पर कसमसा रही नौका पर लहरों की अविराम थपक, युद्ध के ढोल, प्रलय का डमरूनाद और कटी मेंड़ से बहते जल की छुलछुल-ध्वनियों का यह समवेत संसार पात्रों, परिस्थितियों एवं आकांक्षाओं के अनुरूप प्रकट होता है। इस संगीत में–

इयत्ता सबकी अलग-अलग जागी,

संधीत हुई,

पा गयी विलग।

और फिर वीणा मूक हो गयी। प्रियंवद वीणा के इस संगीत का श्रेय स्वयं नहीं लेता। राजा और सभा के समक्ष प्रियंवद की आत्मस्वीकृति 'असाध्य वीणा' की रचना दृष्टि और अज्ञेय के जीवन-दर्शन की कुंजी है–

श्रेय नहीं कुछ मेरा

मैं तो डूब गया था स्वयं शून्य में–

वीणा के माध्यम से अपने को मैंने

सब-कुछ को सौंप दिया था।

सुना आप ने जो वह मेरा नहीं,
न वीणा का था
वह तो सब-कुछ की तथता थी
महाशून्य
वह महामौन
अविभाज्य, अनाप्त, अद्रवित, अप्रमेय,
जो शब्दहीन
सब में गाता है।

'असाध्य वीणा' के कथ्य को लेकर हिन्दी आलोचना में पर्याप्त विवाद है। विद्यानिवास मिश्र की दृष्टि में " 'असाध्य वीणा' मौन से स्वर की ओर जाने की तथा स्वर से पुनः मौन की ओर लौटने का आख्यान है।" जीवन के स्तर पर यह व्यष्टि के समष्टि में डूबने और समष्टि के व्यष्टि की अनुभूति में घटित होने की कथा है। मौन और स्वर तथा व्यष्टि और समष्टि के अद्वैत को कविता के फलक पर सम्भव बनाने के कारण 'असाध्य वीणा' छायावादोत्तर काव्य परिदृश्य में दार्शनिक गरिमा को प्रतिष्ठित करने का विरल उदाहरण है। जीवन और कविता पर तात्कालिकता एवं स्थूल यथार्थ के बढ़ते दबाव के विरुद्ध रचीं जाने के कारण भी 'असाध्य वीणा' एक जरूरी और विचारणीय कविता है। हमारे समकालीन जीवन में वाचालता के बढ़ते अतिरेक ने शब्द और अनुभूति के उस पवित्र रिश्ते को क्षतिग्रस्त कर दिया है जिसमें कविता की प्रामाणिकता का वास होता है। जिस समय में मनुष्य के सारे सम्बन्ध और उसका समूचा अनुभव संसार तुमुल कोलाहल से घिर गया हो, वैसे में मौन ही अर्थ की सुरक्षित भूमि हो सकता है। अनुभव और अभिव्यक्ति के नाज़ुक रिश्ते को मौन की पवित्रता ही बचा सकती है। इस विश्वास की अभिव्यक्ति अज्ञेय की अन्य कविताओं में भी होती रही है। 'जितना तुम्हारा सच है' नामक कविता में अज्ञेय ने लिखा—

"कहा सागर ने : चुप रहो!
मैं अपनी अबाधता जैसे
सहता हूँ, अपनी मर्यादा
तुम सहो।
जिसे बाँध तुम नहीं सकते
उस में अखिन्न मन
बहो।
मौन भी अभिव्यंजना है :

जितना तुम्हारा सच है
उतना ही कहो।"

'असाध्य वीणा' अज्ञेय के मौन दर्शन को कविता के स्तर पर प्रतिष्ठित करती है। इस रूप में यह कविता रचना की सामाजिक प्रतिबद्धता और व्यवस्था परिवर्तन में उसकी क्रान्तिकारी भूमिका के तर्क को निरस्त करती है। इसलिए यह स्वाभाविक ही था कि तब के मार्क्सवादी आलोचकों ने इस कविता पर रहस्यवादिता और समाज-विमुख आत्म-केन्द्रिता का आरोप लगाया था। यह सच है कि रहस्यवाद अज्ञेय की काव्यानुभूति का एक अनिवार्य अनुषंग है। उनकी आरम्भिक रचनाओं में ही रहस्यवाद का संकेत मिलने लगता है। 3 दिसम्बर 1933 को दिल्ली जेल में अज्ञेय ने लिखा—

वह है मेरे अन्तरतम की भूख!
वह एक स्वप्न है, इसीलिए सच है;
वह कभी हुई नहीं, इसीलिए सदा से है;
मैं उससे अत्यन्त अपरिचित हूँ, इसीलिए वह सदा मेरे साथ चलती है,
मैं उसे पहचानता नहीं, इसलिए वह मेरी अत्यन्त अपनी है...
छाया, छाया तुम कौन हो?

'चिन्ता' से लेकर 'मरुथल' तक की पचास वर्षों की काव्य-यात्रा में यह रहस्यात्मकता निरन्तर बनी रही। इसलिए असली सवाल यह है कि एक युवा एवं क्रान्तिकारी कवि की कविताओं में इस रहस्यानुभूति का स्रोत क्या है, उसके औचित्य पर भी विचार करने की जरूरत है। क्या अज्ञेय का रहस्यवाद मध्यकाल के सन्त कवियों की परम्परा में है? क्या वह छायावाद के अवगुण्ठनात्मक और जिज्ञासामूलक रहस्यवाद का विकास है? क्या वह भाववादी आत्मकेन्द्रिकता से उपजी हुई समाज विमुखता की अनिवार्य परिणति है? अज्ञेय की कविताओं के आधार पर यह कहा जा सकता है कि जीवन और रचना का कोई सरलीकृत फार्मूला उनके पास नहीं है। जीवन उतना ही नहीं होता, जितना दिखाई देता है। जीवन और कविता का रिश्ता अखबारी तात्कालिकता वाला नहीं होता। जीवन में भी और कविता में भी काल, अनुभव और सच का अन्तिम फैसला नहीं किया जा सकता। जो कहा गया है उससे अधिक अनकहा रह जाता है। अज्ञेय का रहस्यवाद यथार्थ के गणितीय आतंक के प्रतिरोध में विकसित हुआ एक विचार है। उसकी मूल प्रकृति आध्यात्मिक नहीं है। वह जीवन के सीमा से बाहर फैले हुए अनन्त के साथ एक भावनात्मक रिश्तेदारी है। इसलिए उनका रहस्यवाद व्यष्टि और समष्टि की अद्वैत भूमि है। इस भूमि पर मैं और ममेतर का भेद टूटता है। 'असाध्य वीणा' का संगीत इसी अर्थ में रहस्यवाद

की गहरी छाया से सम्पन्न है। इस संगीत की शब्दावली औपनिषदिक विषयों से युक्त है। कहने की जरूरत नहीं कि जिस ऐतिहासिक परिवेश में विचार और भाषा की विकृति ही प्रामाणिक सर्जनात्मकता की शर्त हो– 'असाध्य वीणा' उस शोर का सामना मौन और रहस्य के संगीत से करती है।

'असाध्य वीणा' स्मृति की कविता है। स्मृति के पुनर्वास का इतना विराट उद्यम आधुनिक हिन्दी रचनाशीलता में और कहीं नहीं दिखाई देता। इसमें स्मृतियों के चालीस से अधिक प्रसंग हैं। आश्चर्य यह है स्मृतियों के सन्दर्भ ऐन्द्रिक हैं। 'असाध्य वीणा' में स्मृतियों का यह संसार मनुष्य और प्रकृति के आदिम रिश्तों से बना हुआ है। सभ्यता के विकास में सबसे अधिक और गहरी त्रासदी स्मृतियों के क्षरण के रूप में हुई है। स्मृति केवल अतीत के साथ वर्तमान का रिश्ता भर नहीं है, बल्कि वह अनुभूति और सृजन की स्रोत भी है। वह मानवीय चेतना की एक ऐसी ऊर्जा है जो अस्तित्व की तथता को सृजन में रूपान्तरित करती है। यह स्मृति हमें अपने पूर्वजों के सपनों और आगामी पीढ़ियों की यादों से जोड़ती है। एक स्तर पर स्मृति मनुष्य को कालमुक्त करती है। यही मुक्ति सृजन की प्रकृत भूमि है– विराट के साक्षात्कार का वातायन, अहं के विलयन का पवित्र तीर्थ। आधुनिक सभ्यता में स्मृतियों का निरन्तर लोप एक बड़ी समस्या है।

'असाध्य वीणा' स्मृतियों के विपुल सन्दर्भों को पुनर्जीवित करने की प्रक्रिया में न केवल हमारे अनुभव का विस्तार करती है, बल्कि वह सौन्दर्य और अनुभूति के सूखेपन में आर्द्रता का संचार भी करती है। स्मृति की यह तरलता इस अर्थ में भी मूल्यवान है कि उसमें बाजारवादी प्रलोभन के सारे उत्पात घुल जाते हैं। कहा जा सकता है कि 'असाध्य वीणा' स्मृतिहंता सभ्यता का प्रतिकार करने वाली एक विरल कविता है।

सृजन-प्रक्रिया इस कविता का एक महत्त्वपूर्ण वैचारिक सन्दर्भ है। सृजन क्या है? इस प्रश्न पर सदियों से विचार होता रहा है। मार्क्सवाद से प्रेरित प्रगतिवादी सौन्दर्यशास्त्र सृजन को यथार्थ की अभिव्यक्ति का माध्यम मानता है। उसके अनुसार सृजन की मूल प्रकृति ऐतिहासिक होती है इसलिए वह देशकाल के दबावों से प्रभावित होता है। मार्क्सवादी सौन्दर्यशास्त्र में सृजन-प्रक्रिया में किसी भी प्रकार की अनिर्वचनीयता का निषेध है। उसके अनुसार रचना-प्रक्रिया के कुछ वस्तुपरक नियम हैं जिनकी व्याख्या की जा सकती है। अज्ञेय के लिए सृजन तथ्य की प्रस्तुति नहीं। तथ्य के अनुभूति में रूपान्तरित होने पर सच की सृष्टि होती है। रचना-प्रक्रिया इसी सत्य के साक्षात्कार की एक ऐसी यात्रा है जिसमें धीरे-धीरे अहम का लोप होता चला जाता है। अज्ञेय में रचना-प्रक्रिया समर्पण और विसर्जन का भी पर्याय है। समर्पण

और विसर्जन भी रहस्यवाद की तरह अज्ञेय की काव्यानुभूति का अनिवार्य घटक है। विसर्जन की वास्तविक अनुभूति के क्षणों में वह विराट उद्भासित होता है जिसमें सारे भेद खत्म हो जाते हैं। इसलिए विसर्जन या समर्पण चेतना की ऐसी उदात्त भूमि है जिसमें आधुनिक सभ्यता की क्षुद्रता, संकीर्णता और भोगवादी लालसा का कोई स्थान नहीं है। 'असाध्य वीणा' को बजाने की साधना वस्तुतः प्रियंवद के अहं विसर्जन की ही साधना है। साधना के इन्हीं सोपानों की यात्रा करते हुए प्रियवंद इस अनुभव का साक्षात्कार करता है—

मैं नहीं, नहीं! मैं कहीं नहीं!
ओ रे तरु! ओ वन!
ओ स्वर-सम्भार!
नादमय संसृति!
ओ रस-प्लावन!

प्रियंवद का यह समर्पण भाव अज्ञेय का भी है जिसे उन्होंने भारतीय परम्परा से अर्जित किया है। इस रूप में 'असाध्य वीणा' आधुनिक सभ्यता के बाजारवादी और स्मृति विरोधी संस्कृति के विरुद्ध अपनी परम्परा का पुनराविष्कार और व्यक्तित्व के उदात्तीकरण का रचनात्मक सत्याग्रह है।

रचना का सच क्या है? क्या रचना एक निश्चित सत्य को स्थापित करने का उपक्रम है? मार्क्सवाद में यथार्थ और रचना के प्रयोजन पूर्व निर्धारित हैं। इसलिए रचना की सार्थकता के प्रतिमान भी तय हैं। अज्ञेय के लिए किसी भी रचना की प्रामाणिकता इस बात पर निर्भर करती है कि वह किस सीमा तक पाठक की चेतना का जनतंत्रीकरण करती है। सृजन की पहली शर्त यही है कि वह सत्य पर किसी भी तरह के एकाधिपत्य को चुनौती दें। यथार्थ को एक मानने वाली दृष्टि सत्ता की होती है और सृजन सत्ता के इसी वर्चस्व को चुनौती देता है। दरअसल किसी भी रचना में व्यक्त विचार उसके अर्थ को निर्धारित नहीं करते। सम्प्रेषण रचना के कथ्य का नहीं, बल्कि उस अनुभव का होता है, जो सहृदय की जीवन-प्रक्रिया और गहरे संस्कारों से बनता है। इसलिए अच्छी रचना अर्थ के एक ऐसे जनतंत्र का निर्माण करती है जिसमें सबकी भागीदारी होती है। एक ऐसा अर्थ जिसमें स्मृति और आकांक्षा के भेद मिट जाते हैं, जिसमें अलग-अलग व्यक्तियों की इयत्ताएँ एक-दूसरे को सम्मान देती हुई अपनी-अपनी दिशाओं में विकसित होती हैं। यह विचार और अनुभव के सह-अस्तित्व का ऐसा इलाका है जिसका क्षरण समकालीन जीवन में बहुत तेजी के साथ हो रहा है। 'असाध्य वीणा' अर्थ की जनतांत्रिक चेतना के माध्यम से एक वैकल्पिक संसार की प्रस्तावना करती है जिसमें भिन्नता, असहमति और

अल्पसंख्यकता भी सम्माननीय हैं। इस दृष्टि से 'असाध्य वीणा' को केवल रचना-प्रक्रिया और सम्प्रेषण की दृष्टि से ही नहीं, बल्कि अपने समय की गहरी सांस्कृतिक चिन्ताओं से जूझने वाली रचना के रूप में भी पढ़ा जा सकता है।

अज्ञेय को एक सजग शिल्पकार के रूप में देखने का चलन है। निर्विवाद रूप से वे शब्द शिल्पी हैं। वे शब्द प्रयोग को एक नैतिक कर्म के रूप में देखते हैं। 'असाध्य वीणा' अज्ञेय के कला-कर्म के प्रति सजगता और दायित्व बोध का उदाहरण है। इस कविता का काव्य-रूप प्रबन्धात्मक है; लेकिन उसकी पूरी अन्तर्योजना गीतधर्मी है। इस कविता के विन्यास में घटनाओं की विरलता उसकी अनुभूति सम्पन्नता का प्रमाण है। भाषिक दृष्टि से यह कविता तत्सम के वैभव से सम्पन्न है। यद्यपि अज्ञेय की काव्यभाषा में तद्भव और देशज शब्दों का भी भरपूर रचनात्मक उपयोग होता है, लेकिन अन्तर्वस्तु की माँग के कारण इस कविता का भाषिक विधान तत्सम प्रधान है। 'असाध्य वीणा' बिम्बों और उपमानों की दृष्टि से हिन्दी कविता को समृद्ध करने वाली रचना है। लय का प्रवाह जहाँ इस कविता को गति देता है, वहीं उसके अर्थ संसार को समृद्ध भी बनाता है।

निष्कर्ष रूप में 'असाध्य वीणा' एक आख्यान के माध्यम से रचना की आधुनिक बहसों में हस्तक्षेप करती है। भाषा, विचार और अनुभूति की दृष्टि से वह नयी कविता की एक शिखर उपलब्धि है।

सत्ता के दुर्ग पर बारूदी राजनीति की दस्तक : कुआनो नदी

'कुआनो नदी' सर्वेश्वर की काव्ययात्रा का एक महत्त्वपूर्ण मोड़ है। सर्वेश्वर ने प्रायः छोटी कविताएँ लिखी हैं। कुआनो नदी एक लम्बी कविता है जो तीन खण्डों में– 'कुआनो नदी', 'कुआनो नदी के पार', तथा 'कुआनो नदी : खतरे का निशान' विभाजित है। पाँच सौ इक्यावन पंक्तियों की यह कविता अपने समूचे विन्यास में लगभग निबन्धात्मक है। स्थितियों के वर्णन और दृश्यों के सूत्रों से बुनी हुई यह कविता सर्वेश्वर की काव्य प्रकृति के एक विशिष्ट आयाम का प्रतिनिधित्व करती है। तीसरे सप्तक के वक्तव्य में सर्वेश्वर ने कहा है–"आकांक्षा कुछ ऐसा करने की जिससे दुनिया बदल सके।" दुनिया को बदलने की इस आकांक्षा का रचनात्मक प्रयास 'कुआनो नदी' में मौजूद है।

सर्वेश्वर की कविता का आरम्भिक दौर रूमानी भावबोध का है। प्रेम, अवसाद, अकेलापन, व्यर्थता का बोध कोहरे की तरह सर्वेश्वर के काव्य परिदृश्य पर पसरा हुआ है। 1973 में प्रकाशित 'कुआनो नदी' काव्य संग्रह जिसमें यह कविता शामिल है– सर्वेश्वर के नये काव्य इलाके को कविता के मानचित्र पर शामिल करता है। इस कविता की अर्थ-मीमांसा करते हुए इसकी ऐतिहासिक पृष्ठभूमि पर ध्यान दिया जाना चाहिए। नेहरू युग के अवसान के साथ हिन्दी कविता में अकविता का कोलाहल और अराजकता का वर्चस्व था। अकविता की मानसिक रुग्णता से हिन्दी कविता को बाहर निकालने वालों में से सर्वेश्वर एक महत्त्वपूर्ण कवि हैं। सर्वेश्वर की काव्यानुभूति के बीज में सामाजिक अन्तर्वस्तु का पहलू पहले से ही मौजूद था। तात्कालिक ऐतिहासिक परिस्थितियों ने उस बीज को विकसित होने का अवसर दिया। 1967 के आम चुनाव के बाद नक्सलबाड़ी आन्दोलन का व्यापक प्रभाव हिन्दी कविता पर दिखाई पड़ा। धूमिल, कुमारेंद्र पारसनाथ सिंह, वेणु गोपाल, आलोक धन्वा, ज्ञानेन्द्रपति जैसे कवियों ने नक्सलबाड़ी आन्दोलन की क्रान्तिधर्मिता को कविता के विन्यास में व्यक्त किया। सर्वेश्वर कविता की लम्बी यात्रा से गुजरते हुए

क्रान्तिकारिता के इस मुकाम तक पहुँचे थे। दरअसल इस कविता के रचना विषय और रचना-प्रक्रिया पर उस नये वामपंथी रुझान का गहरा प्रभाव था, जिसकी जड़ें नक्सलबाड़ी आन्दोलन और चीन की सांस्कृतिक क्रान्ति से जुड़ी हुई थीं। इसलिए इस कविता की अन्तर्वस्तु पर नेहरू युग के बाद के मध्यवर्गीय चरित्र और नक्सलवाद का प्रभाव दिखायी देता है। यह कविता किसी निश्चित विचारधारा के आग्रह से अनुशासित नहीं है।

कविता के शीर्षक से लगता है कि यह किसी नदी विशेष पर रची गयी है लेकिन यह नदी से अधिक उस इलाके की जीवन स्थितियों को उद्घाटित करती है जिससे वह बहती है। यह कविता नदी पर नहीं बल्कि हाशिए के हिन्दुस्तान की उस जिन्दगी पर है जो आजादी के दो दशक गुजर जाने के बाद भी परिवर्तन, विकास और जीने की बुनियादी जरूरतों से महरूम है। यह आजाद हिन्दुस्तान का वह इलाका है जहाँ प्राकृतिक आपदाओं को मनुष्य और जानवर एक ही तरह से झेलते हैं।

आदमी और चौपाए
खरवा से घायल पैर की उँगलियाँ
और खुर लिए लँगड़ाते हुए चलते हैं।
सूअर लोटते हैं।
पानी में बैठी हुई औरतें खाना पकाती हैं।

इस स्तर पर यह कविता नेहरू के सपनों का भारत और औसत मनुष्य के भारत के तीखे अन्तर्विरोध को प्रभावशाली ढंग से व्यंजित करती है।

इस कविता में वस्तुओं और स्थितियों को प्रतीक में ढालकर उसके अर्थ विस्तार की तकनीक अपनायी गयी है। दालान के कोने में टँगा बहुत पुराना ढोल है जो टूटा हुआ है, जो अब बजता नहीं यानी वह अपनी चरितार्थता खो चुका है और कवि पीपल के पेड़ से किसी दैवी स्पर्श के द्वारा पत्तों के गिरने की प्रतीक्षा करता है। जड़ता और परिवर्तन की आकांक्षा को इस तरह कवि ने दृश्य चित्रण के माध्यम से रेखांकित किया है। नदी के तट पर एक बाँध है जिसके नीचे से एक सड़क गुजरती है। तीखे घुमावों की इस सड़क पर अधिकतर बैलगाड़ियाँ चलती हैं, कभी-कभी ताँगा और कभी धूल से भरी हुई साइकिल। भेड़-बकरियों के झुंड और नये खरीदे गये बैलों की घंटियाँ भी दूर तक सुनायी देती हैं। इस सड़क पर पीला-पीला सूरज आसमान में डूबता है और तभी एक तेज नारी-कंठ सुनायी देता है—

लाली हो लाली
और सड़क पर
पुल पर

पेड़ों पर
अँधेरा छा जाता है।

औरत की पुकार और अँधेरे के छा जाने को एक खास भाषिक समायोजन में ढालकर सर्वेश्वर ने भारतीय समाज के यथार्थ के एक विशेष आयाम को उद्घाटित किया है। वस्तुतः अँधेरा बहुत है इस कविता में। यह अँधेरा ऐसी समाज व्यवस्था में एक स्त्री का है जिसमें उसे नवजात शिशु को नदी के किनारे फेंकना पड़ता है, जिसमें अपनी देह को सामान की तरह बेचने के लिए विवश होना पड़ता है। मुक्तिबोध की तरह सर्वेश्वर का अँधेरा भी वारदातों से भरा है। अँधेरा–जिसमें कत्ल होते हैं, जिसमें एक औरत की असहाय पुकार खो जाती है। इस अँधेरे में 'बस्ती' की गरीबी का चेहरा उभरता है। ढिबरियाँ केवल शाम को दो घंटे के लिए ही जलती हैं फिर रातभर अँधेरा छाया रहता है। यह अँधेरा उस कथित विकास की रोशनी में और भी अधिक भयावह, ताकतवर और चमकदार दिखाई देता है जिसका सूत्रपात नेहरू से हुआ और बाद में आने वाली सरकारों ने उसे सत्य मानकर हाशिए के भारत की जिन्दगी पर लाद दिया। दरअसल कविता का अँधेरा विकास की उस रोशनी के सामने सवाल बनकर खड़ा है, जिसकी तस्वीर पश्चिम से आयातित प्रतिमानों और इस देश की नौकरशाही ने मिलकर तैयार की है।

मनुष्य और समाज को विरूपीकरण से जोड़ देने पर नदी स्वातन्त्र्योत्तर भारत के सत्ता-चरित्र के प्रतीक में बदल जाती है। मध्यवर्गीय सत्तातंत्र ने इस देश को बंजर भूमि में बदल दिया है। यह वर्ग उपभोक्तावाद के बढ़े हुए नाखूनों से विकास और समृद्धि के नये भविष्य का निर्माण करना चाहता है लेकिन नाखूनों के बढ़ने के अनुपात में ही जमीन बंजर होती जा रही है। इस बिन्दु पर यह कविता विकास की भूमंडलवादी योजना को जमीनी स्थानीयता के ठोस अनुभवों से खारिज करती है। कविता का पहला खण्ड एक आकांक्षा मिश्रित प्रश्नाकुलता पर खत्म होता है–

कुआनो नदी
सँकरी, नीली, शान्त
जाने कब होगी। आक्षितिज, लाल, उद्दाम।

हाशिए की जिन्दगी से चलकर यह कविता क्रान्ति की राजनीतिक आकांक्षा तक पहुँचती है। कुआनो नदी में सर्वेश्वर ने राजनीति, समाजशास्त्र और अर्थशास्त्र की कई अवधारणाओं को नये अर्थ व आयाम दिये हैं। इनमें से एक है– गरीबी। गरीबी की चर्चा इस कविता में लगातार मौजूद है–

बहुत गरीब है यह धरती
जहाँ यह बहती है।

सर्वेश्वर ने इस कविता में गरीबी को उसके औसत और परिचित प्रसंगों से उठाकर विडम्बनामूलक स्थितियों से जोड़ दिया है। गरीबी और अभाव मनुष्य से जीने की इच्छा और सम्भावनाओं को छीनते हैं। गरीबी के चक्रव्यूह में घिरा हुआ मनुष्य प्रतिरोध और प्रयास की रोशनी खोकर एक लाश में बदल जाता है और वह अन्य को भी एक लाश की तरह ही देखता है–

वह मुझे
एक लाश की तरह देखता है। जिंदा आदमियों को भी
इस तरह देखने की
उस की आदत है।

कविता में एक नाव का जिक्र है। नाव से नदी को पार करने की यात्रा पूरी नहीं हो पाती क्योंकि–

तट के कीचड़ में नाव
धीरे-धीरे जाकर फँस जाती है।

तट का यह कीचड़ आजाद भारत का वह सत्ता तंत्र है जिसके दलदल में स्वाधीनता आन्दोलन के सपने और साधारण आदमी की जिन्दगी की नाव फँस गयी है। इस कीचड़ को हटाकर फँसी नाव को नयी दिशाओं की ओर ले जाने के स्थान पर समूचे मध्यवर्ग ने एक शर्मनाक अवसरवाद को अपनाया है। प्रतिरोध के ऐतिहासिक दायित्व को नकाराकर तिलचट्टे की तरह बचे रहने की त्रासदी को यह कविता व्यंजित करती है–

मौन रहो और प्रतीक्षा करो
यह मंत्र दोहराता-दोहराता
मैं नाव से उतरता हूँ।

'कुआनो नदी' में कई स्थानों पर उस नदी के इतिहास और उसकी स्थितियों का जिक्र किया गया है। सर्वेश्वर ने नदी और गरीब इलाके को एक निश्चित अभिप्राय से जोड़कर यह बताने की कोशिश की है कि भारत के 'साधारण' की जिन्दगी में चाहे वह नदी हो या मनुष्य– कोई सम्भावना, कोई अर्थ, जीने का कोई सार्थक आधार शेष नहीं रह गया है। भावों और स्थितियों के माध्यम से उस वैरंग जिन्दगी को कविता प्रभावशाली ढंग से दर्ज करती है जिसे हिन्दुस्तान का साधारण मनुष्य जीता है। किसी भी प्रकार के धार्मिक उत्सव और प्राकृतिक सौन्दर्य के वैभव से वंचित है यह नदी–

कहीं-कहीं दलदल था
झाड़ियाँ थीं दूर तक

जिनमें सोते फूल बुलाते रहते थे
चिड़ियाँ एक टहनी से दूसरी टहनी पर
शोर करती
झूलती रहती थी।

कुआनो नदी जिन्दगी के उत्सव के लिए नहीं बल्कि मुर्दाघाट के लिए मशहूर है। 'गोदान' में प्रेमचन्द ने ग्राम्य जीवन की मरणशीलता के जो चित्र उपन्यास के उत्तरार्द्ध में दिये थे, 'कुआनो नदी' उसे कविता में पुनर्जीवित करती है। यह नदी एक ठहरे हुए समाज का रूपक बनाती है। कवि के अनुसार–

यह नदी कगारे नहीं काटती
अपना पाट नहीं बदलती
जैसे बहती थी
वैसे बहती है।

क्या यह पाँच हजार साल पुराना हिन्दुस्तान है जो अपनी धुरी पर नाचते हुए भी परिवर्तन से महरूम है? इस कविता की खासियत इस बात में है कि नदी और औसत भारतीय समाज में अर्थ के स्तर पर एक निरन्तर आवाजाही दिखाई देती है। इस कविता में दो वाक्यों का प्रयोग बार-बार किया गया है। 'मेरी निगाह कुछ कमजोर हो गयी है' और 'दिल्ली की सड़कों पर'। निगाह की कमजोरी और कविता में बार-बार दिल्ली का लौटना–एक विशेष रचनात्मक अभिप्राय को प्रस्तुत करते हैं। निगाह की यह कमजोरी स्वातंत्र्योत्तर भारतीय मध्यवर्ग के आत्मसंकुचन का संकेत है। इतिहास की सारी विडम्बनाएँ और मूल्यगत त्रासदियाँ मध्यवर्गीय आत्मसंकुचन के कारण ही हैं। 'मेरी निगाह कुछ कमजोर हो गयी है' इस वाक्य से सर्वेश्वर उस अपराध बोध को मुक्तिबोध की तरह स्वीकारते हैं जिसे मध्यवर्ग ने हाशिए पर फेंक दिया है। काव्यानुभूति का संकुचन, व्यापक जीवन यथार्थ से असम्बद्धता और यथार्थ की जटिलताओं को गहरे स्तर पर पहचान सकने की अक्षमता निगाह की कमजोरी का अर्थ व्यक्त करता है। इस कविता को सर्वेश्वर के आत्मस्वीकार के रूप में भी देखा जा सकता है। दिल्ली का कविता में बार-बार जिक्र आने का एक कारण यह है कि उसके समूचे विन्यास में ही केन्द्र और परिधि का टकराव और तनाव मौजूद है। दिल्ली के विकास की रोशनी में उस गरीब 'बस्ती' का पिछड़ापन, जिन्दगी की यातनाएँ और अभावग्रस्तता की तस्वीर अधिक व्यंजक रूप में उभरती है। यह कविता केवल बस्ती जिले की कविता नहीं है, यह दिल्ली की कविता भी है। दिल्ली और 'बस्ती' की यह सम्बन्धहीनता नेहरू की विकास सम्बन्धी अवधारणा पर एक बड़े प्रश्नचिह्न की तरह खड़ी है। इस प्रश्न

का उत्तर समय को देना है। इसलिए अपने सपाट विन्यास के बावजूद यह कविता उस भारत की जमीनी हकीकत को उद्घाटित करती है जो राजनीतिक मानचित्र पर एक होते हुए भी जीवन के धरातल पर खंडित है। कुछ आलोचकों के अनुसार 'कुआनो नदी' निराशा और विचारहीनता की कविता है। इसमें सन्देह नहीं है कि जड़ता, सड़न, लाश और सूर्यास्त के प्रसंगों से भरी हुई है यह कविता। सर्वेश्वर मरणधर्मी समाज का चित्र एक पेड़ के माध्यम से खींचते हैं–

दलदल के खड़े पेड़
जड़ से सड़ने लग गए हैं
पत्तियाँ काली पड़ रही हैं
बस यही है यहाँ
सबका आखिरी बयान
चाहे पेड़ हो या आदमी।

लेकिन कविता उस बयान को अन्तिम सत्य के तौर पर स्वीकार नहीं करती बल्कि इस बयान को प्रश्नाकुलता से घेरती है। एक सवाल है जो कविता से उठता है और इतिहास के आसमान में चला जाता है–

क्या आधी ज़िन्दगी
मैंने यहीं पहुँचने के लिए सिर्फ़ की
मैं सोचता हूँ और भागता हूँ
मैं भागता हूँ और सोचता हूँ।

सोचते हुए भागने और भागते हुए सोचने की इस कशमकश से गुजरते हुए अन्ततः कवि अपना बयान दर्ज करता है–

मैं यह मानना नहीं चाहता
कि नदी के पार
कुछ नहीं है
सिवा लाशों के।

'कुआनो नदी' में सर्वेश्वर परिवर्तन की सम्भावना को स्वीकारते हैं लेकिन परिवर्तन की यह प्रक्रिया हिंसक क्रान्ति से ही सम्भव हो पाएगी। सर्वेश्वर के इस विचार पर नक्सलवादी बारूदी धुएँ का असर दिखायी देता है। कवि के अनुसार एक गरीब अभावग्रस्त समाज की नियति बदली जा सकती है अगर मध्यवर्गीय समाज के परिधि में विस्तार हो। कविता में कई बार मध्यवर्ग के यथास्थितिवाद को लेकर कवि की बेचैनी मुखर हुई है–

इन रगों में

खून दौड़ता क्यों नहीं?
और इन हजार आँखों की
चमक से
कल्ले क्यों नहीं फूटते?
क्यों हम आदमी को
आदमी की तरह नहीं देख पाते? क्यों ये सब
फ़ाइलों में मरे पड़े हैं?।

सर्वेश्वर सामाजिक परिवर्तन की मध्यवर्गीय आकांक्षा और यथास्थितिवादी सच को जानते है। अवसरवाद और सुविधावाद के कारण मध्यवर्ग की यह क्रान्तिकारिता मक्खी की भिनभिनाहट में बदल जाती है—

मैं एक मक्खी की तरह
खुद अपने ऊपर
भिनभिनाने लगता हूँ
दिल्ली की इन सड़कों पर।

कविता के तीसरे खंड 'कुआनो नदी : ख़तरे का निशान' की योजना मुक्तिबोध के फैंटेसी मूलक काव्य विन्यास से प्रभावित है। कविता 'मैं' और 'वह' के संवाद में आगे बढ़ती है। कविता के आरम्भ में ही कवि ने बढ़ते हुए जन आक्रोश और परिवर्तन की सम्भावना से भरी हुई फिज़ा का जिक्र किया है—

पानी चढ़ रहा है
खून खौल रहा है
बहुत करीब
आ गया है
खतरे का निशान।

कविता का वह उसके वाचक के हर प्रश्न का एक चमकता हुआ रेडिकल उत्तर देता है, मसलन—

हर अँधेरा खुद
रोशनी को जन्म देता है
अँधेरे में निकल पड़ो
तो अँधेरा
अँधेरा नहीं रह जाता।

लेकिन यह मध्यवर्गीय मैं इतिहास के सिरहाने पर खड़ी हुई क्रान्तिकारिता के साथ होने में हिचकता है—

घर के पिछवाड़े बँधी
गाँधीजी की बकरी
मिमियाती है
और कहीं
गोली चलने की आवाज़ आती है।

अन्ततः वह कोई फैसला नहीं कर पाता। लगता है कि सर्वेश्वर इस नतीजे पर पहुँचे हैं कि निर्णयात्मकता का अभाव ही मध्यवर्ग की वास्तविकता है और इतिहास की सबसे बड़ी त्रासदी भी। इसलिए इस अनिर्णयात्मकता को भी वे सबसे बड़े खतरे के रूप में चिह्नित करते हैं—

पर याद रखो
फ़ैसले पर न पहुँचा हुआ आदमी
फ़ैसले पर पहुँचे हुए आदमी से
ज्यादा ख़तरनाक होता है।

कविता का अन्त एक विलक्षण व्यंजनात्मकता के साथ होता है कि हम इमारत को तोडना भी चाहते हैं और ठीक उसी के साथ सुरक्षित रखना भी—

और मैं फिर
निकलने से पहले
चीज़ों को अच्छी तरह
देखता हूँ
कहीं कुछ
हिल तो नहीं रहा है।

वस्तुतः मध्यवर्ग यह जानता है कि अनिश्चय का ख़तरा उठाकर ही क्रान्ति और परिवर्तन को ज़मीन पर उतरा जा सकता है। लेकिन वह अनिश्चयधर्मी क्रान्तिकारिता और जीवन की निश्चित सुरक्षा को एक साथ साधना चाहता है। यह दुविधा 'कुआनो नदी' की समूची अन्तर्वस्तु पर आरम्भ से अन्त तक फैली हुई है। यह आरोप लगाया गया है कि 'कुआनो नदी' में कवि किसी निर्णय पर नहीं पहुँचता। दुविधा और अनिश्चय की झाड़ियों में फँसी रह जाती है यह कविता। लेकिन यह फँसाव कविता का नहीं उस वर्ग का भी है जिससे सर्वेश्वर जुड़े हुए हैं। इसलिए वह एक उत्साहधर्मी निश्चयात्मक क्रान्तिकारिता को छोड़कर उस सच के प्रति अपने को अधिक जवाबदेह बनाते हैं जो बीसवीं शताब्दी के स्वातन्त्र्योत्तर मध्यवर्ग का सच है।

आत्मवृत्त के दर्पण पर समय का प्रतिबिम्ब : मुक्ति प्रसंग

1

'मुक्ति प्रसंग' साठोत्तरी हिन्दी कविता के चर्चित और विवादास्पद कवि राजकमल चौधरी की प्रतिनिधि रचना है। कविता का आत्म अगर मानवीय जिजीविषा और सौन्दर्य की रक्षा है तो 'मुक्ति प्रसंग' एक विशेष दृष्टि से कविता-विरोधी कविता है। अपने सम्बन्ध में राजकमल चौधरी की मान्यता थी– "राजकमल चौधरी डिग्री लेकर नौकरी करने या रिटायर्ड होकर मर जाने के लिए पैदा नहीं हुआ है। इसे और भी बहुत कुछ करना है कि इसके जाने के बाद भी लोग इसे भूल न सकें।" यह कहना कठिन है कि 'मुक्ति प्रसंग' पर कवि की अमरत्व-कामना का कितना असर है, लेकिन यह तय है कि यह हिन्दी की एक अनुपेक्षणीय कविता है। इसके महत्त्व का कारण राजकमल चौधरी की विवादास्पद जीवन-शैली है, अपारम्परिक विन्यास या फिर जीवन और कविता के सम्बन्धों का नया धरातल? इस प्रश्न पर आगे विचार किया जाएगा, लेकिन इस लम्बी एवं जटिल कविता की अन्तर्वस्तु और रचना-प्रक्रिया पर एक नजर डाल लेना जरूरी है।

प्रगतिवादी काव्य के एक मुख्य कवि केदारनाथ अग्रवाल के अनुसार " 'मुक्ति प्रसंग' मनुष्य के पतन की कविता है।" विश्वम्भर नाथ उपाध्याय की दृष्टि में 'मुक्ति प्रसंग' में राजकमल की ही बीमारी नहीं, भारत देश की भी बीमारी चित्रित है। उसमें मानवीय मन की छटपटाहट और मुक्ति की प्यास है। स्वयं राजकमल चौधरी के अनुसार– " 'मुक्ति प्रसंग' मेरा वर्तमान है ... सती-वर्तमान के अग्निजर्जर शव को अपने कन्धों पर मैं शिव की तरह धारण करता हूँ... इसकी विकृति, वीभत्सता और दुर्गन्धियों में मुझे जीवित रहना ही पड़ेगा।" रमेश कुंतल मेघ की धारणा है– "वर्तमान और शव का महारूपक देह और देश का महासादृश्य और मृत्यु तथा काम का दोहरा विरोधत्व– ये तीन सन्दर्भ इस कविता की कुंजी हैं। इस रहस्य-त्रिकोण के बीच केन्द्र में है– नारी उर्फ़ भारत माता उर्फ़ वह

नीलकन्या उर्फ़ उग्रतारा।'' नन्द किशोर नवल मानते हैं कि 'मुक्ति प्रसंग' एक व्यक्ति-केन्द्रित कविता है जिसे ऊपरी तौर पर देहगाथा भी कहा जा सकता है लेकिन यह कविता व्यक्ति के केन्द्र से चलकर समाज की परिधि तक पहुँचती है और वहाँ से केन्द्र तक लौटकर पुनः परिधि का स्पर्श करती है। यह क्रम कविता में लगातार चलता रहता है जिससे यह मात्र कवि की देहगाथा न रहकर समकालीन समाज का एक ज्वलंत दस्तावेज बन जाती है। इन सभी मतों से एक बात स्पष्ट है कि 'मुक्ति प्रसंग' किसी एक विचार या केन्द्र से परिचालित नहीं है। वह आत्मवृत्त और बृहत्तर सामाजिक वास्तविकताओं को संक्रमणशील सम्बन्ध में धारण करने वाली कविता है। व्यक्तिगत जीवन-स्थितियों एवं प्रसंगों में एक बृहत्तर देशकाल को समाहित कर लेने की क्षमता ही 'मुक्ति प्रसंग' को हिन्दी की एक जरूरी एवं विचारणीय कविता बनाती है। 'मुक्ति प्रसंग' कविता की हमारी पारम्परिक समझ और अवधारणा को पूरी तरह खारिज़ करती है। इसमें जीवन एवं विचारों का नरक अपनी समूची विद्रूपता एवं अनास्था के साथ उपस्थित है।

2

'मुक्ति प्रसंग' एक लम्बी, जटिल एवं दुरूह कविता है। इसकी दुरूहता की जड़ें रचना-प्रक्रिया में हैं। बताया जाता है कि यह कविता राजकमल चौधरी की बीमारी के दौरान फरवरी-जुलाई 1966 में पटना अस्पताल के राजेन्द्र सर्जिकल वार्ड में लिखी गयी थी। यह कविता टुकड़ों में और असामान्य मानसिक स्थितियों में लिखी गयी। इसलिए इसकी काव्यानुभूति दरारों और बिखरावों से भरी है। 'मुक्ति प्रसंग' की रचना-पृष्ठभूमि के बारे में रमेश कुंतल मेघ ने लिखा है– ''कैंसर-सूजाक से ग्रस्त, शराब और गाँजे के काफ़िर इस मनोरोगी कवि की 'मुक्ति प्रसंग' एक ऐसी मनोरोगात्मक केस हिस्ट्री के साथ-साथ ऐसी जटिल मानवीय रचना है जिसमें सन्निपात, अति मूर्च्छा, मायावरण, भ्रम-संभ्रम, शिजोफ्रेनिया आदि के लक्षण घुल-मिलकर उसे एक ऐसी कलाकृति बनाते हैं जहाँ चिन्तन में बिखराव और व्यवधान है तथा साहचर्यों की शृंखला का विघटन है।'' असामान्य मनोदशा, क्रमहीनता तथा शाक्त एवं तांत्रिक प्रसंगों की नियोजना ने 'मुक्ति प्रसंग' को दुर्बोध बना दिया है। इस दुर्बोधता को कविता के परिसर में ही सुलझाया जाना चाहिए न कि मनोव्याधि के जटिल मोर्चे पर, जैसा कि रमेश कुंतल मेघ का आग्रह है–'' 'मुक्ति प्रसंग' को उसी तरह कविता से हटकर दीगर हाशियों से परखना चाहिए जिस तरह निराला के 'कुकुरमुत्ता' को।''

3

असम्बद्धता और बिखराव के बावजूद इस कविता में एक अन्तःसूत्रता है। कविता के एक सिरे पर कवि की वैयक्तिक जीवन-स्थितियाँ हैं और दूसरे सिरे पर सामाजिक ऐतिहासिक परिवेश। ये दोनों सिरे वर्तमान से जुड़े हुए हैं। वैयक्तिक सिरे पर कवि की व्याधि-जर्जर देह है, मृत्यु की लम्बी होती परछाइयों के बरक्स अर्थहीनता का गहरा अहसास है और साथ में अपराध-बोध की गहरी कसक जो कविता के अनेक मोड़ों पर उभर आती है। रोग, मृत्यु, अर्थहीनता और अपराध-बोध की भुजाएँ इस कविता के अर्थ-आयतन का निर्माण करती हैं। जीवन को यूँ ही गँवा देने की पीड़ा और प्रायश्चित्त के स्वर तो भक्ति-काव्य में भी उभरते हैं लेकिन ईश्वर में आस्था उन्हें इस यातना से उबार लेती है। राजकमल के पास आस्था का न तो ऐसा कोई केन्द्र है और न ही कोई नैतिक आलोक जो जैविकता के अतिक्रमण की ऊर्जा दे लेकिन कविता में अर्थहीनता और आत्मस्वीकृति की जो निर्मम ईमानदारी है, वह उसे विश्वसनीय बनाती है–

लिखने-पढ़ने-सोने गाँजा-अफ़ीम सिगरेट पीने मरने का अपना एक मात्र कमरा
अन्दर से बन्द करके दो पहर दिन के पसीने पेशाब वीर्यपात
मटमैले अँधेरे में लेटे हुए
धुआँ क्रोध दुर्गन्धियाँ पीते रहने के सिवा
जिसने कभी कोई बड़ा काम नहीं किया अपनी देह
अथवा अपनी चेतना में
इस उम्र तक...

कवि को लगता है कि ज़िन्दगी एक ऐसे बियाबान में भटक गयी है जहाँ से लौटना और एक नयी यात्रा की शुरुआत करना सम्भव नहीं रह गया है। मृत्यु की सुरंग से निकल कर एक सृजनात्मक ज़िन्दगी की नयी शुरुआत की कामना मलबे में दबे हुए किसी बच्चे को निरीह पुकार की तरह उभरती है– "अब भी मैं रचना चाहता हूँ कोई स्वप्न नहीं कविता।" यह विम्डबना एक कवि की ही नहीं है, बल्कि उस हर व्यक्ति की है जिस ज़िन्दगी की अर्थहीनता और इस व्यवस्था में अपनी निरुपायता का अहसास है। इस अर्थहीनता एवं निरुपायता के अँधेरे में कौंधती हैं जीवन की सबसे कोमल, सुन्दर और मासूम स्मृतियाँ–

कैलेण्डरों में सोए हुए बच्चे हरिन फूल
चिड़िया झरने पहाड़ी गाँव औरतें चाय के बगान
बचपन का प्यारा अलबम अपनी छोटी माँ का हाथ थामे हुए चकित मैं
हरसिंगार के नीचे खड़ा हूँ।

इस गीतात्मक आवेग को ज़िन्दगी और व्यवस्था के कोलाहल में बचाये रखना मुश्किल था, इसलिए जो कुछ भी संग्रहणीय और मूल्यवान था, उसे– "मैं बड़े डाकघर के बहुत बड़े लेटरबॉक्स में डाल आया।"

'मुक्ति प्रसंग' में कई ऐसे प्रसंगों का समावेश है जो विडम्बना से ऊपर उठकर एक कारुणिक प्रभाव की सृष्टि करते हैं। यह कविता राजकमल के भटकावों एवं पतन का आख्यान भर नहीं है, बल्कि नियति के उस दुर्निवार विधान की गाथा भी है जिसमें एक निरपराध व्यक्ति दण्ड की यातना भोगने के लिए अभिशप्त है। अपने जन्म, माँ और ज़िन्दगी के बिखर जाने के घटना-सूत्रों का बेहद आवेगमय अंकन कविता में है–

मेरा जन्म हुआ था त्रिशूली पहाड़ की मंत्र सिद्ध गुफा में काली-
मूर्ति के पार्श्व में
सद्यः जात छोड़कर मुझको चली गयी थी मेरी माँ
ग्रहण करने के लिए जल-समाधि...
चट्टानों में अलग-अलग
बँटा हुआ है मेरा जीवन...

मातृहीनता का दंश इस कविता का मार्मिक रचनात्मक प्रसंग है। राजकमल के अनुसार– "अन्ततः कविता में उसे जीवित करने के लिए त्रिशूली गुफा में मंत्र सिद्ध मैंने जन्म ग्रहण किया है।"

अपने व्याधिजनित कष्टों एवं मृत्युबोध को कवि ने बिना किसी रूपक प्रतीक के व्यक्त किया है। दरअसल यह कविता मृत्यु के स्वीकार के भीतर से जीने की आकांक्षा से प्रेरित है। भूमिका में अज्ञेय के एक पत्र को शामिल किया गया है जिसमें उन्होंने लिखा है– "मृत्यु का स्वीकार चेतना की गहरी आवश्यकता है; और उस स्वीकार से एक प्रकार की स्वस्थता भी मिलती है।" राजकमल ने भी इसकी पुष्टि की है कि मृत्यु के स्वीकार से देह की सीमाओं, संगतियों एवं अनिवार्यताओं से मुक्त हुआ जा सकता है।' इसलिए मृत्यु कवि के जीवन-दर्शन का अनुषंग है जो कविता में दर्शन के स्तर पर नहीं, बल्कि अनुभव और चित्रण के स्तर पर दर्ज है–

एनेस्थिसिया की काली टोपी से ढका हुआ मेरा चेहरा
मेरा अस्तित्व
अपनी अलौकिक नग्नता में डूब गया है
संज्ञाविहीन-ज्ञानहीन
समय अब मेरे लिएं केवल नीला है केवल नीलापन शून्य है
शून्य है स्थान काल और पात्र गतिहीन आकारहीन ...

'मुक्ति प्रसंग' में राजकमल उन राजनीतिक-सामाजिक परिस्थितियों की पड़ताल करते हैं जो एक साधारण व्यक्ति को 'राजकमल चौधरी' बनाती हैं। भूमिका में कवि का यह कहना विचारणीय है कि "मैं अपने अतीत में राजकमल चौधरी नहीं था।" यहीं से कविता का दूसरा सिरा उभरता है। एक व्यक्ति को 'राजकमल् चौधरी' बनाने की प्रक्रिया मानसिक संसार में नहीं बल्कि सामाजिक-राजनैतिक संरचेबा में घटित होती है। ध्यान देने की बात है कि 'मुक्ति प्रसंग' का रचना-परिवेश बीसवीं शताब्दी का सातवाँ दशक है। नेहरू-युग के अवसान का यह एक ऐसा दौर है जिसमें एक ओर आज़ादी के क्षत-विक्षत सपनों की विद्रूपताएँ हैं और दूसरी ओर एक बंजर भविष्य। भारती के 'अंधायुग' के प्रहरियों के शब्दों में—'जहाँ कुछ भी रक्षणीय नहीं रह गया है।' प्रजातंत्र की प्रतिज्ञा और विकास को हिन्दुस्तान के आखिरी आदमी तक पहुँचाने के सपनों के साथ शुरू हुई यात्रा को भ्रष्टाचार और मध्यमवर्ग की आत्मकेन्द्रिकता का दलदल निगल गया। विधायिका, न्यायपालिका और कार्यपालिका की तमाम संस्थाएँ अपराध, लूट और दायित्वहीनता के व्यूह में बदल गयीं। राजनेताओं, अपराधियों एवं नौकरशाहों के त्रिक ने आज़ादी के मूल्यों को निर्वासित कर दिया। इस शून्य में पैदा हुए जीवन के डरावने नकार ने 'अंधायुग' के अश्वत्थामा, अकविता और राजकमल चौधरी को एक साथ संभव बनाया। रोग, भूख, अनिद्रा, लोकतंत्र, राशनकार्ड और रेल-दुर्घटनाओं से ऊबा हुआ कवि अगर ऑपरेशन-टेबुल पर ईथर-निद्रा में अथवा संभोग की चरम परिणति में अपनी मृत्यु का वरण करना चाहता है तो इसका कारण कहाँ है? बड़े सपनों से आवेशित समय व्यक्ति के जीवन को अर्थ देता है। उसके जीवन को मानवीय आशयों से जोड़कर अर्थवान बनाता है। राजनीतिक चेतना के बिन्दु पर कवि के मन में दर्जनों सवाल हैं जिनके उत्तर सत्ता या व्यवस्था के पास नहीं हैं। मसलन—

आदमी क्यों पार करता है युद्ध क्यों परिवार-नियोजन
क्यों बर्लिन की दीवार
क्यों देशप्रेम क्यों अफ़ीम की गोलियाँ क्यों चैप्लिन की फ़िल्में
क्यों ताशकन्द-सम्मेलन, क्यों रीढ़ की हड्डियों में
गैंग्रीन...
क्यों सुकरात क्यों सेगाँव की बौद्ध भिक्षुणियाँ जल मरती हैं
क्यों गार्गातुआँ की कहानियाँ क्यों कश्मीर के लिए
सेनाएँ क्यों अजन्ता
क्यों एक ही युद्ध मेरी कमर की हड्डियों में और कभी
वियतनाम में...

कविता में कवि की यह प्रश्नाकुलता तात्त्विक नहीं बल्कि ठोस रूप से मानवीय है जो समूची व्यवस्था के अनौचित्यमूलक चरित्र को उद्‌घाटित करती है। सत्ता प्रश्नों की भाषा नहीं समझती। वह मनुष्य के रोने और हँसने की परिधि तय करती है। इस परिधि का अतिक्रमण सत्ता की दृष्टि में अपराध है। आज़ादी के बाद राष्ट्रीयता का जो अर्थ और चरित्र विकसित हुआ वह खोखला था... विदूषकीय भंगिमा से भरा हुआ जिस पर केवल हँसा जा सकता था। यह हँसना सत्ता के चरित्र और उसके छद्‌म को पहचान लेने का प्रमाण है ... उसके आतंक का अस्वीकार है। यह हँसना रघुवीर सहाय में भी है और राजकमल चौधरी के 'मुक्ति प्रसंग' में भी। हँसी को एक राजनीतिक आशय में परिवर्तित कर देने की क्षमता इस कविता का एक विशिष्ट पहलू है। 'मुक्ति प्रसंग' में राजनीतिक आशयों का गठन घटनात्मक नहीं, बल्कि संकेतात्मक है–

महारानी विक्टोरिया की महाकाय मूर्ति के नीचे खड़ा होकर
मैं हँसने लगता हूँ
हँसता हुआ गाने लगता हूँ– भारत भाग्य-विधाता
जय हे जय हे
मुझे पकड़ लेती है अपने साथ ले जाती है लाल बाज़ार के सवाल-घर में
भारत की शान्तिप्रिय पुलिस...

एक आजाद और सम्प्रभु देश में औपनिवेशिक सत्ता की प्रभावशाली और निर्णायक उपस्थिति की विडम्बना को यहाँ व्यंजित किया गया है। 'भारत की शान्तिप्रिय पुलिस' की निगाह में सत्ता के द्वारा स्थापित और परिभाषित राष्ट्रीयता की अस्वीकृति या असहमति अपराध है। 'मुक्ति प्रसंग' में अनेक ऐसे स्थल हैं जहाँ राष्ट्रीयता के तकाजों और उसके अर्थ-विचलन को व्यंजित किया गया है।

'मुक्ति प्रसंग' की राजनीतिक चेतना का एक महत्त्वपूर्ण प्रसंग हर्षवर्धन की वापसी है–

"नगरवासी सुनें
सम्राट हर्षवर्द्धन आज वापस लेंगे प्रजाजनों से राजपाट–
अन्न-संग्रह स्वर्ण-रथ माणिक सेना मुद्राएँ
सारा कुछ जनता से वापस लेकर अर्पित करेंगे संसदीय अधिनायकवाद के चरणों पर..."

कौन है यह सम्राट हर्षवर्द्धन जो भारत की साधारण जनता की सारी सम्पत्ति और अधिकार को संसदीय अधिनायकवाद के चरणों में समर्पित करने वाला है? कविता के समकालीन परिदृश्य में यह हर्षवर्द्धन ऐतिहासिक चरित्र नहीं बल्कि

आज़ाद भारत में ताकतवर होता हुआ मध्यवर्ग है। मध्यवर्ग की यह निर्णायक केन्द्रीयता ऐतिहासिक विकास की दृष्टि से जितनी स्वाभाविक और ज़रूरी हो, लेकिन देश के भविष्य और समतामूलक समाज के स्वप्न की दृष्टि से एक हादसा है। दरअसल लोकतंत्र और संसद का इस्तेमाल यह वर्ग खून से सने हुए अपने जबड़े को छिपाने के लिए करता है। जिसे जनतंत्र कहा जाता है वह अपने क्रियात्मक रूप में सत्ता की सुरक्षा और यथास्थितिवाद का पोषक है। अगर इस जनतंत्र और संसद के सरोकारों में इस देश का सामान्य मनुष्य होता तो भारतीय समाज और राजनीति की तस्वीर कुछ और होती। रघुवीर सहाय, नागार्जुन, धूमिल और राजकमल चौधरी की कविताओं में जनतंत्र और संसद की जो तस्वीर उभरती है उसमें मध्यवर्गीय स्वार्थ लिप्सा और शोषण की डरावनी छायाएँ दिखायी देती हैं। आज़ादी के गुजरते सालों में विषमता, साम्प्रदायिकता, क्षेत्रीयता और नवउपनिवेशवादी संस्कृति का अँधेरा इस संसदीय अधिनायकवाद के संरक्षण में ही फला-फूला है।

मध्यवर्ग के बढ़ते वर्चस्व और भोगवादी जीवन-पद्धति ने इस देश की सुन्दरता को, जीवन और सम्बन्धों की लय को, साधारण मनुष्य की गरिमा को और जनतांत्रिक संस्थाओं की पवित्रता को पूरी तरह नष्ट कर डाला है। यह सच जितना राजकमल चौधरी का है उतना ही हमारे समय का भी। 'मुक्ति प्रसंग' में इतिहास की इस त्रासदी को काव्यात्मक तरलता और आवेग के साथ चित्रित किया गया है–

नीले काँच का फूलदान है मेरा देश
नये हर्षवर्द्धन-जयवर्द्धन के लड़खड़ाते पाँवों की ठोकर से
टूट कर बिखर जाता है युद्ध और व्याधियों की इस वंध्या ऋतु में
शीशे के बेडौल बदरंग टुकड़े
मेरी देह की काली गुफाओं में धँसते हैं...

प्रतिमानवीय शक्तियों की पहचान अन्याय का प्रतिरोध तथा न्याय एवं समता पर आधारित समाज-व्यवस्था की स्थापना सार्थक राजनीति का लक्ष्य है। नैतिक एवं मानवीय पक्षधरता वाली राजनीति एक सनातन प्रतिपक्ष है। ऐसी राजनीति संघर्ष और आलोचनात्मक विवेक का विकास करती है। लेकिन आज़ादी के बाद इस देश में जिस राजनीतिक संस्कृति का विकास हुआ उसमें मनुष्य के बड़े सपनों एवं एक नयी समाज-व्यवस्था के निर्माण के प्रयत्न का कोई स्थान नहीं था। सत्ता केन्द्रित इस राजनीति ने समाज को भीड़ एवं मनुष्य को जानवर में बदल दिया जहाँ जीने की सारी गतियाँ भूख, नींद और सेक्स से नियंत्रित होती हैं। ऐसी राजनीति से बने हुए भीड़धर्मी समाज का ज़िक्र 'मुक्ति प्रसंग' में है–

मगर भीड़ अब खाने के लिए गेहूँ

और सो जाने के लिए किसी भी गन्दे बिस्तरे के सिवा कोई बात
नहीं कहती है...

कहा जा सकता है कि 'मुक्ति प्रसंग' स्वातन्त्र्योत्तर भारतीय राजनीति एवं समाज की एक ऐसी तस्वीर बनाती है जिसमें रघुवीर सहाय एवं मुक्तिबोध के हिन्दुस्तान की झलक देखी जा सकती है। राजनीति 'मुक्ति प्रसंग' का अनुषंग नहीं बल्कि उस तनाव एवं परिवेश-बोध की धुरी है जो समूची कविता को गति देने वाली है।

'मुक्ति प्रसंग' देश की राजनीति के साथ देश के हालात को देखने वाली कविता भी है। पन्द्रह अगस्त के बाद का देश कवि की बीमार देह में बदल गया है—

''लेकिन मेरा देश मेरा पेट मेरा ब्लाडर मेरी अँतड़ियाँ खुलने से पहले
केवल हवा कीड़े ज़ख्म और गन्दे पनाले है
अधिक स्थानों पर इस देश में...
जठराग्नि... दावानल...
सब बुझ गये अचानक पहले पन्द्रह अगस्त की पहली रात के बाद
अब राख ही राख बच गया है पीला मवाद।''

यह छायावाद के सांस्कृतिक और प्रगतिवाद के संघर्षशील राष्ट्र से भिन्न उसका एक नया चेहरा है जो 'मुक्ति प्रसंग' से पहले कहीं नहीं था। मुक्तिबोध की प्रसिद्ध कविता 'अँधेरे में' में जिस हिन्दुस्तान का जिक्र है वह फटे वस्त्रों में है, मुख मलिन है, उसके वक्ष पर घाव है, लेकिन कारावास और भूख की यातना के बावजूद उसके चेहरे पर मुस्कराहट है और वह प्रचण्ड शक्तिशाली है। मुक्तिबोध के हिन्दुस्तान के चेहरे पर दिखाई देने वाली यह मुस्कराहट मार्क्सवादी विचारधारा से आयातित है। उनका हिन्दुस्तान सर्वहारा का पर्याय है। लेकिन राजकमल चौधरी के पास ऐसी कोई विचारधारा नहीं थी, सहज रूप से अपना लिया जाने वाला कोई सिद्धान्त नहीं था। 'मुक्ति प्रसंग' में यह दाहक सवाल मौजूद है—

क्यों नहीं है मेरे लिए कोई नाम कोई नहीं कोई चिड़िया कोई फूल
कोई सिद्धान्त...

स्त्री या भारत माता या आज़ादी की त्रासदी का चित्रण 'मुक्ति प्रसंग' के रचनात्मक उत्कर्ष का एक महत्त्वपूर्ण बिन्दु है। इस कविता में स्त्री के रूपक में आज़ादी या भारत माता का जो रूप उभरता है, वह विचलित करने वाला है—

पागल काली एक मरी हुई स्त्री
उजाड़ आसमान में दोनों बाँहें फैलाकर रोने के लिए
रोते हुए सो जाने के लिए

पानी और अनाज के देवताओं से भीख माँगती है
तिरंगा फहराने के अपराध में मार डाले गये
1942 के छात्रों के नाम पर...

कविता में दूसरी बार कवि इस स्त्री को ब्लैक आउट में बेहोश रात के अँधेरे में देखता है—

मैंने उसे देख लिया—शहीद-स्मारक के नीचे
रोते हुए वह नंगी थी और खून से लथपथ थी और वह
कराहते हुए भागी जा रही थी
गलियों में मरघट में और राजभवनों में पुकारती हुई मेरा ही नाम
बार-बार...

राजसत्ता, बुद्धिजीवी और देवता— कोई नहीं सुनता इस औरत की पुकार। उसकी पुकार पर ध्यान देने और बाहर निकलकर उसकी सहायता करने के स्थान पर कवि अपने कमरे में भाग आता है और अपनी किताबों और अफ़ीम-गाँजे में बन्द हो जाता है। पलायन और तीखे अपराध बोध को व्यंजित करने वाला यह प्रसंग मुक्तिबोध की याद दिलाता है। यह पलायन और आत्मकेन्द्रिकता एक आत्मघाती विचार-दर्शन पैदा करते हैं। संघर्ष और प्रतिरोध की चेतना से शून्य जीवन में या कविता में वही विकल्प शेष बचता है जिसका ज़िक्र 'मुक्ति प्रसंग' में है—

आदमी को इस लोकतंत्री संसार से अलग हो जाना चाहिए
चले जाना चाहिए कस्साबों गाँजाखोर साधुओं
भिखमंगों अफ़ीमची रंडियों की काली और अन्धी दुनिया में मसानों में...

गहरे यथार्थ-बोध के बावजूद न तो कवि की ज़िन्दगी में और न ही इस कविता में प्रतिरोध की कोई रोशनी दिखती है। क्या ऐसा किसी जीवन-दर्शन की अनुपस्थिति के कारण है? मुक्तिबोध की 'अँधेरे में' व्यवस्था के आतंक और मध्यवर्गीय सुरक्षा-भाव के बावजूद सार्थकता की एक अदम्य खोज के बिन्दु पर ख़त्म होती है जबकि 'मुक्ति प्रसंग' कवि की गहन संवेदनशीलता एवं प्रखर यथार्थ-बोध के बावजूद विकल्पहीनता के उजाड़ में भटक जाती है। यह सच है कि सिद्धान्त या विचारधारा से उपलब्ध ऊर्जा कविता के तनाव और अनुभूति की सघनता को शिथिल करती है, लेकिन यह भी उतना ही सच है कि केवल देह को केन्द्र बनाकर जिया जाने वाला जीवन राजकमल चौधरी की नियति प्राप्त करता है और बड़ी कविता भी राजकमल के होने के प्रभाव से बच नहीं सकती।

'मुक्ति प्रसंग' जिस युग-परिवेश की कविता है उसमें ईश्वर की सत्ता सर्वाधिक सन्देहास्पद है। आधुनिकता की आधार प्रतिज्ञाओं में ही ईश्वर की सत्ता का निषेध

है। ईश्वर की मृत्यु की घोषणा करने वाले नीत्शे ने उसे मनुष्य के भय की निर्मिति माना था। हिन्दी साहित्य में ईश्वर को 'भारतनाथ' जैसे राजनीतिक सम्बोधनों की शुरुआत भारतेन्दु काल से हुई। द्विवेदी युग के वैष्णव कवि मैथिलीशरण गुप्त ने और 'प्रिय प्रवास' के रचयिता 'हरिऔध' ने ईश्वर को मानवीय भूमि पर उतारा। छायावादी कवि निराला के राम अन्तर्द्वन्द्व, संशय और पराजय बोध से बिंधे हुए साधारण मनुष्य के रूप में दिखायी पड़े। आगे चलकर धर्मवीर भारती के 'अन्धायुग' में पहली बार ईश्वर की अर्थहीनता का अहसास होता है और वह भी भक्त विदुर को–

"...क्योंकि लगता है कि मेरे प्रभु
उस निकम्मी धुरी की तरह हैं
जिसके सारे पहिये उतर गये हैं
और जो खुद घूम नहीं सकती।"

अकविता के आक्रोश का निशाना ईश्वर भी है क्योंकि वह परम्परा के सभी मूल्यों एवं पवित्रता का प्रतिमान है। 'मुक्ति प्रसंग' की विशेषता इस बात में है कि वह राजनीतिक सन्दर्भ में ईश्वर के अर्थ का विस्तार करती है। राजकमल चौधरी ने ईश्वर के लिए नयी संज्ञाओं का प्रयोग किया है– नकाबपोश, वनमानुष, जासूस, भस्मासुर, सिफलिंस आदि। यह ईश्वर पूँजीपतियों की राष्ट्रशक्ति और साम्राज्यवादियों की विश्व-शक्ति है जो संसार पर अपना वर्चस्व बनाये रखने के लिए शस्त्र, ईसा मसीह और वेश्याओं का इस्तेमाल करता है। वह मूल्य-नियंत्रण के लिए अकाल फैलाता है और अल्जीरिया, वियतनाम और कोरिया में अस्त्र-शस्त्र भेजकर अपनी सत्ता और शक्ति के आतंक को प्रदर्शित करता है। महाशक्तियों के रूप में यह ईश्वर समूची दुनिया को, उसके समाजों को टुकड़ों में बाँट देता है। जाति, धर्म, रंग, क्षेत्र और भाषा के आधार पर दुनिया को बाँट कर अपनी सत्ता को बनाये रखने वाले इस ईश्वर की एक खलनायक छवि को कवि ने निर्मित किया है। समकालीन सन्दर्भ में यह ईश्वर साम्राज्यवाद का सूत्रधार है और इसलिए उस पर कवि के क्रोध की तार्किक संगति है। ईश्वर के प्रसंग में ही कवि ने नव-उपनिवेशवाद, आर्थिक साम्राज्यवाद और उपभोक्तावाद सम्बन्धी प्रश्न उठाये हैं। इस बिन्दु पर 'मुक्ति प्रसंग' में अन्तरर्राष्ट्रीय राजनीति का एक व्यापक परिदृश्य उभरता है जिसमें कवि की पक्षधरता स्पष्ट है।

'मुक्ति प्रसंग' में उपभोक्तावाद की आहटों एवं ख़तरों की अचूक पहचान है। यह उपभोक्तावाद दुनिया की सारी स्थानीयताओं, सांस्कृतिक विशिष्टताओं और मूल्यवान स्मृतियों का संहार करके मनुष्य को उपभोक्ता जीव में बदल देता है। वह प्रत्येक सम्बन्ध, घटना और क्रिया को बाज़ार में बदलकर नायकत्व की एक करिश्माई और

आत्मलिप्त छवि को परोसता है। उपभोक्तावाद का यह मानचित्र कविता में मौजूद है—

अपनी देह को उजागर करने के लिए
नयी दिल्ली में और ढाका-कराची में अब कोई फर्क नहीं है
कोई फ़र्क नहीं है
एक गुलाम शहर से दूसरे गुलाम शहर में गोश्त और
किताबों और धर्म-प्रवचन
एक साथ बिकते हैं एक ही कीमतों में बिकते हैं
और गुलाम शहरों का एक मात्र बच गया है लोकनायक
अब जेम्स बॉन्ड।

'मुक्ति प्रसंग' सार्थकता की खोज की कविता है। खोज की इस प्रक्रिया में कवि देह और देश की व्याधि, जीवन और राजनीति के पतन तथा साम्राज्यवाद एवं नवउपनिवेशवाद के सामाजिक-सांस्कृतिक प्रभावों से गुजरता है। लेकिन तांत्रिक एवं शाक्त अवधारणाओं की बहुलता इस कविता के सामाजिक-राजनीतिक आशयों एवं काव्यात्मक मर्म को बहुत दूर तक निष्प्रभ कर देती है। 'मुक्ति प्रसंग' रचना और मनुष्य से की जाने वाली उजली अपेक्षाओं की उपेक्षा करती है। इसका कारण राजकमल चौधरी की मनोव्याधि के साथ अकविता का वह दौर भी है जिसमें मूल्य-ध्वंस और नशे की दुनिया में पलायन ही अन्तिम नियति थी चाहे वह कविता की हो या जीवन की।

मोहभंग की धरती पर आक्रोश का झंझावात : पटकथा

मेरे सामने वही चिरपरिचित अन्धकार है
संशय की अनिश्चयग्रस्त ठंडी मुद्राएँ हैं
हर तरफ शब्दवेधी सन्नाटा है।
दरिद्र की व्यथा की तरह
उचाट और कूँथता हुआ। घृणा में
डूबा हुआ सारा का सारा देश
पहले की ही तरह आज भी
मेरा कारागार है।

'पटकथा' की ये अन्तिम पंक्तियाँ हैं जो आज़ादी के बाद के भारत की राजनीतिक-सामाजिक वास्तविकता का बयान करती हैं। इस कविता का मूल कथ्य आज़ाद भारत में एक आम आदमी की निरुपायता और छटपटाहट को दर्ज़ करता है। आम आदमी की यह निरुपायता और छटपटाहट किसी मनोग्रंथि या भावात्मक प्रतिक्रिया का परिणाम नहीं है, बल्कि वह आज़ाद हिन्दुस्तान की ठोस वास्तविकताओं से उपजी है। आज़ादी से लेकर नेहरू के अवसान के बाद तक की परिस्थितियों के सूत्रों से धूमिल ने इस कविता को एक आख्यान के रूप में विकसित किया है। इस पटकथा की मूलकथा इतनी भर है कि आजादी के साथ भारतीय जनता में सपनों और उम्मीदों का जो इन्द्रधनुष उगा था वह कैसे एक व्यापक और डरावने अन्धकार में खो गया। कविता उन शक्तियों और स्थितियों को दर्ज करती है जिन्होंने एक देश की सम्भावनाओं और उम्मीदों की हत्या की और संघर्ष से पाई हुई आज़ादी को गुलामी में बदल दिया।

धूमिल की कविता की जमीन पर चर्चा करते हुए एक साक्षात्कार में नामवर सिंह का कहना है—"धूमिल उस सातवें दशक की उपज हैं जिसका आरम्भ भारत-चीन सीमा-संघर्ष से हुआ और जिसमें पाकिस्तान के साथ थोड़े अन्तराल पर दो-दो लड़ाइयाँ हुईं, सन् '67 का भयंकर देशव्यापी अकाल पड़ा, राजनीतिक अस्थिरता

आयी और नक्सली क्रान्ति का विस्फोट हुआ। इस आर्थिक-राजनैतिक संकट के दौर में अनेक प्रकार की निम्नमध्यवर्गीय अराजकतावादी प्रवृत्तियाँ प्रकट हुईं जिनमें से कुछ की अभिव्यक्ति कविता में भी हुई। धूमिल की कविता का सामाजिक संसार मोटे तौर से यही है, किन्तु धूमिल की विशेषता यह है कि इस माहौल की उथल-पुथल की तस्वीर पेश करते हुए भी वे भीड़ का हिस्सा नहीं बने।" 'निम्नमध्यवर्गीय अराजकतावादी प्रवृत्तियों' वाली कविता से नामवर जी का आशय अकविता से है। धूमिल की कविता के उदय का काव्यात्मक मौसम अकविता का है। उनकी काव्य-चेतना और मनोभूमि पर अकविता का दबाव है, लेकिन धूमिल की विशिष्टता अकविता के अतिक्रमण से बनती है।

धूमिल की कविता का वैशिष्ट्य केवल अपने युग की विडम्बनाओं और वास्तविकताओं की पहचान मात्र नहीं है। हर युग की सर्जनात्मक प्रतिभा अपने युग के अन्धकार की पहचान करती है और उस सर्वग्रासी अन्धकार के नेपथ्य में सक्रिय मानवीय आस्था और संघर्ष की आलोक-रेखा को भी महत्त्व देती है। अन्धकार और प्रकाश के इस सनातन द्वन्द्व को अपने समकालीन सन्दर्भों में पहचानने का काम कविता करती है। यह द्वन्द्व चाहे जितना सनातन हो, पहचान की प्रक्रिया ऐतिहासिक होती है। यह ऐतिहासिक प्रक्रिया ही परम्परा के भीतर कवि की विशिष्टता तय करती है। नामवर सिंह के अनुसार– अपने युग-परिवेश और संकट की पहचान-प्रक्रिया धूमिल के यहाँ 'बेलौस और नंगी' थी और 'उसे सम्भव कर पाना एक नैतिक साहस का काम था।' धूमिल भावावेग के कवि हैं, लेकिन उनका भावावेग छायावादी कवियों वाला नहीं है। पीड़ा और पराजय के बावजूद उम्मीदों से भरा हुआ एक भविष्य था छायावाद के पास। आह से भरी हुई बेधक प्रतीक्षा के गुरुत्वाकर्षण से प्रिय को धरती पर खींच लाने के विश्वास से ही प्रसाद ने 'आँसू' में लिखा होगा–

'इस कठिन आह से खिंचकर
तुम आओगे आओगे।'

वस्तुतः छायावाद आधुनिक भारत के उस राजनीतिक-सांस्कृतिक पर्यावरण का सर्जनात्मक प्रतिबिम्ब है जिसमें अपनी परम्परा के शुक्ल-पक्ष की रागात्मक स्मृति और स्वाधीनता की एक नयी सुबह की स्फूर्तिदायिनी प्रतीक्षा है। इस महाराग ने छायावादी काव्यानुभूति को एक आध्यात्मिक आयाम दिया और उसकी अभिव्यक्ति को दुर्लभ महाकाव्यात्मक औदात्य– 'कामायनी' और 'राम की शक्ति पूजा' जिसके श्रेष्ठ उदाहरण हैं। लेकिन अनुभूति और कविता की यह ऊँचाई उत्तर छायावाद में ही ढहने लगी थी। नयी कविता के दौर में 'अन्धा युग' तक आते-आते आस्था और

उम्मीदों की बस्तियाँ उजड़े हुए हस्तिनापुर में बदल गयीं। न्याय और सत्य के पक्ष में लड़ने वाले युयुत्सु ने आत्महत्या कर ली। युधिष्ठिर के अर्द्धसत्य ने अश्वत्थामा को नर-पशु में बदल दिया जिसके जीवन का एक ही लक्ष्य रह गया— 'वध, केवल वध।' मानवीय आस्था की धुरी— कृष्ण मारे गये एक साधारण व्याध के द्वारा। समूचा युग अन्धकार और भविष्यहीनता में डूब गया। साठोत्तरी कविता में यह अश्वत्थामा-भाव अकवितावादियों के यौन-मनोरोग और अघोरीपन में व्यक्त हुआ। धूमिल इसी साठोत्तरी भाव भूमि की उपज थे जिसमें आक्रोश, अस्वीकार और अर्थहीनता की प्रधानता थी, लेकिन उन्होंने इस आक्रोश और अस्वीकार को राजनीतिक-सामाजिक सन्दर्भ देकर हिन्दी कविता को मनोरोगियों और गँजेड़ियों के गिरोह से मुक्त किया। 'पटकथा' एक ऐसे समय और कवि की कविता है जिसके चारों ओर एक ठंडा और बियावान पठार है। युद्ध, गिरोहधर्मी राजनीति और औसत आदमी की नाउम्मीदी से बने इस पठार को धूमिल ने एक गहरी व्यथा के साथ रूपायित किया—

मगर एक दिन मैं स्तब्ध रह गया।
मेरा सारा धीरज
युद्ध की आग में पिघलती हुई बर्फ़ में
बह गया।
मैंने देखा कि मैदानों में
नदियों की जगह
मरे हुए साँपों की केंचुलें बिछी हैं
पेड़
टूटे हुए रँडार की तरह खड़े हैं
दूर-दूर तक
कोई मौसम नहीं है ...

'पटकथा' इस भौगोलिक परिदृश्य का सामाजिक-राजनीतिक भाष्य है। इस कविता में परिवेश की यह बंजरता समाज से लेकर व्यक्ति के मनोलोक तक फैली हुई है। ऐसा क्यों हुआ, जबकि भारतीय मनुष्य की स्मृति में आज़ादी के आदर्श और सपने जीवित थे और उसमें एक बेहतर ज़िन्दगी की प्रतीक्षा की उजास बची हुई थी। सदियों के शोषण और गुलामी के बाद आज़ाद हुए मुल्क में एक नौजवान कवि को ऐसी व्यवस्था और जिन्दगी का इन्तज़ार था जिसमें—

अब कोई बच्चा
भूखा रहकर स्कूल नहीं जायेगा
अब कोई छत बारिश में

नहीं टपकेगी।
अब कोई आदमी कपड़ों की लाचारी में
अपना नंगा चेहरा नहीं पहनेगा
अब कोई दवा के अभाव में
घुट-घुट कर नहीं मरेगा
अब कोई किसी की रोटी नहीं छीनेगा
कोई किसी को नंगा नहीं करेगा ...

लेकिन यह इन्तज़ार पूरा नहीं हुआ। इसे पूरा करने की जिम्मेदारी जिस लोकनायक नेहरू पर थी उनके पास

'हर शंका
हर सवाल का
एक ही जवाब था
यानी कि कोट के बटन होल में
महकता हुआ एक फूल
गुलाब का।'

देश की अपेक्षाओं पर ध्यान देने की जगह नेहरू विश्वशान्ति और पंचशील के महत्त्वाकांक्षी सिद्धान्तों की झील में नौकाविहार करते रहे। हिन्दुस्तान का आम आदमी उन पर भरोसा रखते हुए खुद को समझाता रहा–

"जो मैं चाहता हूँ
वही होगा
होगा–आज नहीं तो कल
मगर सब कुछ सही होगा।"

लेकिन कुछ भी सही नहीं हुआ। आम आदमी–

'जनतंत्र, त्याग, स्वतंनता
संस्कृति, शान्ति, मनुष्यता'–

जैसे पवित्र और महान शब्दों की गरिमा और प्रामाणिकता का ध्वंस देखता रहा। पंचवर्षीय योजनाओं से राजनेताओं एवं नौकरशाहों की सुख-समृद्धि में बेतहाशा वृद्धि होती रही और देश का बौद्धिक वर्ग इस स्थिति में एक हस्तक्षेपकारी भूमिका निभाने के स्थान पर सैद्धांतिक बहसों एवं भाषिक लफ़्फ़ाजियों में मगन रहा। विडम्बना और विसंगति का यह परिदृश्य 'पटकथा' में इस तरह दिखाई दिया–

हर तरफ धुआँ है
हर तरफ कुहासा है

जो दाँतों और दलदलों का दलाल है
वही देशभक्त है
अन्धकार में सुरक्षित होने का नाम है–
तटस्थता
यहाँ
कायरता के चेहरे पर
सबसे ज्यादा रक्त है।
जिसके पास थाली है
हर भूखा आदमी
उसके लिए, सबसे भद्दी–
गाली है।

नेहरू से लेकर आज तक 'जनतंत्र' सत्ताधारियों का सबसे बड़ा नारा है। 'भारत दुनिया का सबसे बड़ा प्रजातांत्रिक देश है'– इस जुमले को बार-बार दुहराया जाता है– इस तथ्य को दफ़ना कर कि इस प्रजातंत्र के कारण ही यह दुनिया का सर्वाधिक भ्रष्ट, विषमताग्रस्त और निकम्मा देश भी है। इस प्रजातंत्र को नागार्जुन ने अपने व्यंग्य का निशाना बनाया है, लेकिन धूमिल ऐसे जनतंत्र को सिरे से खारिज करते हैं।

नक्सलबाड़ी' कविता में धूमिल ने लिखा–

मुझे अपनी कविताओं के लिए
दूसरे प्रजातंत्र की तलाश है।

जो जनतंत्र आदमी की भूख मिटाने और उसे सुरक्षा देने के बदले धर्म और जाति के नाम पर समाज में स्वार्थ और नफ़रत की संस्कृति फैलाता हो, जो अपराधियों, दलालों और तस्करों के लिए संसद में पहुँचने का राजमार्ग हो वह केवल जनतंत्र का मुखौटा है। इस देश में जनतंत्र के कथित पैरोकार ही उसकी आत्मा के हत्यारे हैं। 'शहर में सूर्यास्त' कविता में धूमिल ने इस जनतंत्र की हक़ीकत को पहचाना–

'जनतंत्र'
जिसकी रोज सैकड़ों बार हत्या होती है
और हर बार
वह भेड़ियों की जुबान पर जिन्दा है।

जनतंत्र के वास्तविक रूप की खोज उसके नकली चेहरे की पहचान के बिना सम्भव नहीं। इस देश में जनतंत्र केवल एक शब्द है जो व्यावहारिक स्तर पर केवल मतदान के अनुष्ठान में प्रकट होता है। जबकि जनतंत्र केवल एक शब्द नहीं– एक जीवन-प्रणाली एवं जीवन-दर्शन भी है। वह एक ऐसे समाज के निर्माण का प्रयत्न

है जिसमें वंचितों की अस्मिता, सम्मान और व्यवस्था में भागीदारी सम्भव हो। वह मानव-सभ्यता की सबसे पवित्र मंजिल– न्याय एवं समानता– तक पहुँचने की राह है। लेकिन भारत में–

'ऐसा जनतंत्र है जिसमें
ज़िन्दा रहने के लिए
घोड़े और घास को
एक-जैसी छूट है
कैसी विडम्बना है
कैसा झूठ है।'

धूमिल ने इसीलिए इस जनतंत्र को तमाशा कहा है। यह मदारी का तमाशा है। इस तमाशे की खासियत है कि इसमें जो कुछ दिखता है, वह वास्तविक नहीं होता। वह मदारी के हाथ की सफाई और उसकी भाषा का खेल है। भारतीय जनतंत्र को तमाशा कह कर धूमिल ने स्पष्ट कर दिया है कि उसका सारा बल प्रदर्शन पर है। यह कथित जनतंत्र सामाजिक-राजनीतिक अन्तर्वस्तु से रहित एक खेल है जिसे पेशेवर मदारी (राजनेता वर्ग) अपनी कमाई के लिए मजमा जुटाकर खेलता है। विडम्बना यह है कि बीसवीं सदी के सातवें दशक से लेकर आज तक– इस जनतंत्र के तमाशाई चरित्र को बदलने की कोई गम्भीर कोशिश नहीं हुई। आठवें दशक में जे.पी. द्वारा एक कोशिश हुई भी तो उसका हश्र क्या हुआ– वह हमारे सामने है। संसद की सर्वोच्चता के दंभ और कुतर्क के बल पर राजनेता-वर्ग द्वारा अन्ना हजारे के लोकपाल की जनतांत्रिक माँग की हत्या इस कथित 'जनतंत्र' की सबसे ताजी वारदात है जो मीडिया की सुर्खियों में है। ऐसे जनतंत्र का प्रतिनिधित्व करने वाली संसद क्या भारतीय जन की आकांक्षाओं के प्रति संवेदनशील है? यह धूमिल के समय का भी सच था और आज का भी कि– इस संसद के होने के बावजूद–

गोदाम अनाज से भरे पड़े थे और लोग
भूखों मर रहे थे।

सम्भव है– यह संसद के लिए एक सामान्य बात हो, लेकिन एक कवि इस स्थिति से आहत और विचलित होकर लिखता है–

'मैं वक़्त के
एक शर्मनाक दौर से गुजर रहा हूँ।'

संसदीय राजनीति और चुनावी जनतंत्र के प्रति धूमिल के तीव्र आलोचनात्मक रुख की वज़ह कुछ लोग नक्सलवाद के प्रति उनके रुझान को मानते हैं। धूमिल के समय में ही नक्सलवादी क्रान्तिकारी राजनीति का ज्वालामुखी फूटा था और यह

स्वाभाविक भी है कि वे उसकी विद्रोही आग से प्रभावित हुए हों। लेकिन धूमिल की कविताओं के भीतर से उनकी राजनीतिक चेतना का जो मानचित्र उभरता है उसमें लाल रंग की उपस्थिति बहुत अधिक नहीं है। संसद और जनतंत्र के प्रति उनकी प्रतिक्रिया औसत हिन्दुस्तानी आदमी के मोहभंग का प्रतिनिधित्व करती है। धूमिल ने भारतीय जनतंत्र की उपमा दलदल के किनारे पड़े हुए एक बड़े और अधमरे पंशु से दी है जिसकी नाभि में एक सड़ा हुआ घाव है, जिससे लगातार, भयानक बदबूदार मवाद बह रहा है और

'उसमें जाति और धर्म और सम्प्रदाय और
पेशा और पूँजी के असंख्य कीड़े
किलबिला रहे हैं...'

इस जनतंत्र को ऐसी हालत में पहुँचाने वाला राजनेता वर्ग

'आपस में नफ़रत करते हुए वे लोग
इस बात पर सहमत हैं कि
'चुनाव' ही सही इलाज है।'

ऐसा संसदीय जनतंत्र जनता के जीवन को बेहतर नहीं बना सकता। चुनाव को राजनीति का पर्याय और संसद को सत्ता का अभयारण्य समझने वाले मौजूदा जनतंत्र में धूमिल जनता की वास्तविक हैसियत का सवाल उठाते हैं–

जनता क्या है?
एक शब्द... सिर्फ़ एक शब्द है :
कुहरा और कीचड़ और काँच से
बना हुआ...
एक भेड़ है
जो दूसरों की ठंड के लिए
अपनी पीठ पर
ऊन की फसल ढो रही है।

हिन्दी कविता के मानचित्र पर 'भारत देश' आधुनिक काल में आया। भारतेन्दु-मंडल के राधाचरण गोस्वामी ने भारत को उत्तम देश कहा– 'हमारो उत्तम भारत देश।' आगे चलकर मैथिलीशरण गुप्त ने भारत को 'कृषि-भूमि' बताते हुए उसे विश्व के सभी देशों से उत्कृष्ट देश के रूप में प्रतिष्ठित किया। जयशंकर प्रसाद के नाटकों के गीतों में भारत की एक अलौकिक और आध्यात्मिक छवि दिखाई पड़ी–

'अरुण यह मधुमय देश हमारा
जहाँ पहुँच अनजान क्षितिज को मिलता एक सहारा।'

इतना ही नहीं, 'चन्द्रगुप्त' नाटक में प्रसाद ने कार्नेलिया से कहलवाया– 'और देश मनुष्यों की जन्मभूमि है, लेकिन भारत तो मनुष्यता की जन्मभूमि है।' भारतेन्दु-युग से लेकर छायावाद तक भारत की जो छवि दिखायी पड़ती है, वह महज रचनाकारों की काल्पनिक सृष्टि है या इस छवि-निर्माण के गहरे सांस्कृतिक-राजनीतिक आशय हैं? औपनिवेशिक दासता के युग में भारत की महानता एक वैचारिक निर्मिति थी। प्रसाद का कहना था कि हमें अपनी कमजोरियों का ही नहीं, अपनी शक्ति और क्षमता का भी ज्ञान होना चाहिए। इसलिए इस काल के रचनाकारों ने भारतीय समाज की दुर्बलता, उसके अन्तर्विरोधों और सीमाओं को सुनियोजित रूप से छोड़ा और उसकी एक ऐसी छवि बनाने की कोशिश की जो जनता में एक सांस्कृतिक आत्मविश्वास पैदा कर सके। कहा जा सकता है कि भारत की यह छवि एक ऐतिहासिक उत्तरदायित्व के निर्वाह का हिस्सा थी। लेकिन आजादी के बाद के देश की परिस्थितियाँ और रचनाकारों की चुनौतियाँ बदल गयीं। अभाव, भूख और अन्याय के ठोस अनुभव के ताप से महानता का यह माया-स्तूप ढहने लगा। नागार्जुन ने 'सुजला-सुफला' के झूठे गीत गाने से इनकार करते हुए लिखा–

'जहाँ न भरता पेट
देश वह कैसा भी हो
महा नरक है।'

साठोत्तरी युवा-पीढ़ी ने जिस देश को अपने अनुभव और संघर्षों की रोशनी में देखा-पाया वह तो राजनेताओं, अपराधियों एवं नौकरशाहों की जागीर मात्र था। एक ऐसा देश जिसमें

हर आदमी, सिर्फ़, अपना धन्धा देखता है
सबने भाईचारा भुला दिया है
आत्मा की सरसता को मारकर
मतलब के अँधेरे में
(एक राष्ट्रीय मुहावरे की बगल में)
सुला दिया है।

धूमिल की कविता में भारत की एक नयी तस्वीर दिखाई देती है। यह तस्वीर का नयापन है या दृष्टि का? धूमिल ने जिस दृष्टि से देश को देखा है, वह भावात्मक नहीं, बल्कि वस्तुगत है। इस दृष्टि में न तो कल्पना का लालित्य है और न ही भावुकता की आर्द्रता। यथार्थ की निस्संग रोशनी में कवि देखता है–

यह मेरा देश है...
हिमालय से लेकर हिन्द महासागर तक

फैला हुआ
जली हुई मिट्टी का ढेर है
जहाँ हर तीसरी जुबान का मतलब—
नफ़रत है।
साज़िश है।
अन्धेर है।
यह मेरा देश है।

धूमिल ने जनतंत्र, संसद और देश की यह छवि आम आदमी के मोहभंग और निरुपायता के गहरे एहसासों से बनायी है। धूमिल में केवल आक्रोश ही नहीं, विषाद का एक गहरा अन्तःस्वर भी है। वे अनास्था और नकार से समकालीन भारतीय यथार्थ की राजनीतिक-सामाजिक स्थितियों को बेलाग ढंग से उद्घाटित करते हैं।

'पटकथा' में एक 'स्वप्न-प्रसंग' की योजना की गयी है जिसमें हिन्दुस्तान और कवि का आमना-सामना होता है और वे आपस में संवाद करते हैं। इस प्रसंग-योजना का केन्द्रीय प्रयोजन परिवर्तन की आकांक्षा और यथास्थितिवाद के टकराव से उत्पन्न गतिरोध को व्यक्त करना है। हिन्दुस्तान परिवर्तन और संघर्ष का सन्देश देता है, लेकिन मध्यवर्गीय सुरक्षा-ग्रंथि में कैद कवि अपने संस्कारों का अतिक्रमण नहीं कर पाता। कवि को सम्बोधित करते हुए हिन्दुस्तान कहता है--

'तुम एक ऐसी ज़िन्दगी से गुजर रहे हो
जिसमें न कोई तुक है
न सुख है।'
जीवन को अर्थ देने के लिए—
'अपनी आदतों में
फूलों की जगह पत्थर भरो
मासूमियत के हर तकाज़े को
ठोकर मार दो
अब वक़्त आ गया है कि तुम उठो
और अपनी ऊब को आकार दो'

हिन्दुस्तान कवि से यह भी कहता है कि तुम अपनी निजता और सुविधा को छोड़कर वहाँ जाओ जहाँ

'लाखों हैं जो तुम्हारे इन्तज़ार में खड़े हैं
वहाँ चलो
उनका साथ दो।'

लेकिन प्रभावशाली होते हुए भी कवि इन आह्वानों पर अमल नहीं कर पाता! हालाँकि उसमें परिवर्तन की आकांक्षा और संघर्ष की आग है, लेकिन फिर भी वह सक्रिय नहीं हो पाता—

'क्योंकि मेरे पास
कुल जमा थोड़ी सुविधाएँ थीं
जो मेरी सीमाएँ थीं।'

संघर्ष और सुविधा का जो द्वन्द्व मुक्तिबोध में है, वही धूमिल में भी। यह ईमानदार आत्मस्वीकृति ही इन कवियों को सिंथेटिक क्रान्तिकारिता से बचाती है।

'अँधेरे में' कविता में मुक्तिबोध ने लिखा था— 'बौद्धिक वर्ग है क्रीतदास।' धूमिल की 'पटकथा' तक आते-आते यह बौद्धिक वर्ग अपराधियों के संयुक्त-परिवार का सदस्य बन जाता है। आज़ाद भारत की सबसे बड़ी त्रासदी बौद्धिक वर्ग का चारित्रिक पतन ही है। इतिहास में बौद्धिक वर्ग की मुख्य भूमिका प्रतिपक्ष की रही है। वे अन्धकार में मशाल की भूमिका निभाते हैं। समाज और सत्ता की जड़ता पर प्रहार करके उन्हें गतिशील बनाने और न्याय तथा निर्भयता की आवाज़ उठाने की जिम्मेदारी बुद्धिजीवियों की होती है। लेकिन आज के बुद्धिजीवी, धूमिल के शब्दों में—

'वे सब के सब तिजोरियों के
दुभाषिये हैं।'

'पटकथा' एक लम्बी कविता है। कुछ आलोचकों का मानना है कि उसकी भीतरी संरचना में दरारें हैं यानी कविता की वस्तु-योजना में संगति का अभाव है। इसलिए यह कविता पाठकों को झकझोरती तो है, लेकिन उनके सामने कथ्य की कोई मुकम्मल तस्वीर नहीं बना पाती। 'पटकथा' के काव्य-रूप के सम्बन्ध में नामवर सिंह की यह टिप्पणी बहुत महत्त्वपूर्ण और उचित है कि— " 'पटकथा' लम्बी कविता जरूर है, लेकिन मेरी दृष्टि में वह धूमिल की सबसे अच्छी कविता नहीं है।... धूमिल लम्बी कविता के कवि नहीं थे, जिस तरह कि मुक्तिबोध थे।... धूमिल कविता में छापामार लड़ाई के कौशल में दक्ष थे, खुले मैदान का युद्ध उनके वश का न था, जिसके लिए बड़ी सेना और उसके उपयुक्त संगठन-क्षमता की अपेक्षा होती है।"

केवल साठोत्तरी कविता में नहीं, बल्कि आधुनिक कविता के समूचे इतिहास में धूमिल की पहचान भाषा की विशिष्ट भंगिमा के कारण है। सूक्तिधर्मिता दिनकर और बच्चन में भी कम नहीं है, मुक्तिबोध का भाषिक विन्यास भी न्यारा है, लेकिन धूमिल की काव्यभाषा का जो तेवर है, वह अन्यत्र दुर्लभ है। उनकी काव्यभाषा का मूल संस्कार किसानी है। वे एक ठेठ देहाती भाषा-भंगिमा में ही कविता का संसार खड़ा करते हैं। उनकी काव्यभाषा में भोजपुरी के शब्दों की ही बहुतायत नहीं है, बल्कि

उसमें इस भाषा की लोकोक्तियों की भी भरमार है। धूमिल की भाषा में जो भदेसपन दिखाई देता है, वह भोजपुरी के गहरे भाषिक संस्कार के कारण ही है। गाय, बैल खूँटा, फसल, खेत, अनाज, मेंड़ जैसे दर्जनों शब्दों का प्रयोग धूमिल की किसानी मनोरचना के गवाह है।

धूमिल की काव्यभाषा पर अकविता आन्दोलन का भी असर है। 'पटकथा' में यह असर कम ज़रूर हुआ है, लेकिन कुरुचिपूर्ण अथवा कविता के लिए ग़ैर वाजिब शब्दों एवं वाक्यों के प्रयोग का मोह वे यहाँ भी छोड़ नहीं पाये हैं—

क्योंकि शब्द और स्वाद के बीच
अपनी भूख को जिन्दा रखना
जीभ और जाँघ के स्थानिक भूगोल की
वाजिब मजबूरी है।

धूमिल की भाषा आक्रोश की है। आक्रोश का यह आवेग ही एक सपाट कथन को काव्यात्मक आवेश से भर देता है। सवाल उठता है कि इस स्फुलिंग धर्मी भाषा में समय और जीवन के जटिल अनुभव-परतों को धारण करने की क्षमता है या नहीं? क्या इतिहास के प्रश्न और व्यवस्था का चरित्र इतना इकहरा है कि उसे भाषा के सपाट विन्यास में पहचाना जा सके? क्या भाषा की यह उष्णता ही धूमिल की कविता की सीमा नहीं है? इस तरह के अनेक प्रश्न उनकी काव्य-भाषा में उठ सकते हैं। साठोत्तरी हिन्दी कविता की भाषा पर अशोक वाजपेयी की टिप्पणी धूमिल पर भी लागू होती है— "धीरे-धीरे भाषा अनुभव को उसके सभी जटिल तनावों के साथ सार्थक ढंग से व्यवस्थित करने का उपकरण न रहकर शब्दों की एक निष्करुण परम्परा भर रह गयी।"

'पटकथा' कई दृष्टियों से साठोत्तरी हिन्दी कविता की बड़ी और विवादास्पद रचना है। एक आरोप तो यह है कि इस कविता का राजनीतिक चरित्र स्पष्ट नहीं है। कविता परिवर्तनकारी राजनीति की उपस्थिति और सम्भावनाओं को नकारती है। एक आरोप यह भी है कि यह कविता समय और जीवन के जटिल और व्यापक फलक को राजनीतिक सन्दर्भों में संकुचित कर देती है। 'पटकथा' पर अतिशय मुखरता का भी आरोप है। प्रभात कुमार त्रिपाठी के अनुसार— "यह कविता उन जगहों पर भी बोलती और समझाती है, जहाँ कि संयम और रचनात्मक संश्लेषण की ज़रूरत है।" लोंजाइनस का कहना था कि निर्दोषता क्षुद्रता का लक्षण है। बड़ी रचनाएँ अपेक्षाओं को पूरा नहीं करतीं। वे स्वयं अधूरी रहकर अपने स्रष्टा की ईमानदारी एवं सरोकारों का साक्ष्य बनती हैं। 'पटकथा' ऐसी ही कविता है।

पर इसको भी पंक्ति को दे दो : अज्ञेय

1

अज्ञेय छायावादोत्तर हिन्दी कविता के सर्वाधिक चर्चित एवं विवादास्पद कवि हैं। हिन्दी की मार्क्सवादी आलोचना ने उन पर और उनकी कविता पर आत्मकेन्द्रित समाज-विमुखता, रहस्यवादी, कलावादी और पूँजीवादी मूल्यों के समर्थक होने के गम्भीर आरोप लगाये। उन्हें क्षणवादी बताते हुए इतिहास विरोधी सिद्ध करने के संगठित प्रयास हुए। वस्तुतः ये आरोप शीतयुद्ध कालीन राजनीति की सांस्कृतिक-साहित्यिक रणनीति के तहत लगाये गये थे। अज्ञेय ने वामपन्थी वर्चस्व और उनकी वैचारिक दादागिरी का विरोध किया। वामपन्थी खेमे में वामपन्थ का विरोध—संघर्ष, न्याय, परिवर्तन तथा समाज के विरोध का पर्याय था। ऐसी स्थिति में अज्ञेय को अमेरिकी एजेंट तो होना ही था। लेकिन किसी संगठन के फतवे से रचनाकार की हैसियत तय नहीं होती। इतिहास अपने ढंग से फैसले करता है और फतवावादियों को हाशिये में फेंककर अपनी गति से आगे बढ़ जाता है। शीतयुद्ध ख़त्म हुआ। सोवियत संघ के विघटन और चीन में वामपन्थ के अवसान के बाद दुनिया पहले जैसी नहीं रह गयीं। परिभाषाओं की धुरियाँ बदल गयी। भूमंडलीकरण के तहत पूरी दुनिया में उपभोक्तावाद का जो सैलाब आया उसने संस्कृति, मूल्यों एवं मानवीय सम्बन्धों का नक्शा बदल दिया। इस नये परिदृश्य में अज्ञेय जैसे महत्त्वपूर्ण कवि के रचना-संसार पर निगाह डालने की जरूरत शिद्दत से महसूस हो रही है।

अज्ञेय और उनकी कविता का स्वभाव अन्तर्मुखी है, इसलिए एक वाचाल समय में उनकी कविताएँ मौन के गुँजलक में घिरी हुई प्रतीत होती हैं। अज्ञेय की कविता दृष्टि-सम्पन्न है और उसकी मूल प्रकृति वैचारिक है। इतिहास, समाज, सभ्यता और व्यक्ति की धरती से रस-ग्रहण करके ही वह रूपाकार लेती है, लेकिन साथ ही उसमें अपनी विशिष्टता के प्रति सजगता का भाव भी है। औसत बनाम विशिष्ट का यह द्वन्द्व और तनाव ही अज्ञेय की वास्तविक काव्य-भूमि है। इसी

भूमि पर उनकी रचनाशीलता का विपुल संसार खड़ा है। क्या यह द्वन्द्व और तनाव अज्ञेय की मानसिक निर्मिति है या उसका एक सामाजिक-ऐतिहासिक आधार है? अज्ञेय की कविता से बाहर दूसरे विश्वयुद्ध की विभीषिकाएँ हैं, आजादी के हर्ष और विभाजन की रक्तरंजित त्रासदी में डूबा हुआ देश है और साहित्य की दुनिया में वामपन्थी पार्टी के द्वारा निर्देशित-नियंत्रित प्रगतिवादी आन्दोलन है। विश्वयुद्ध, आजादी, विभाजन तथा प्रगतिवादी आन्दोलन के प्रभाव की क्या कोई समन्वित भूमि है? गाँधी एक सूत्र हो सकते हैं इस प्रश्न के उत्तर के लिए। विश्वयुद्ध ने गाँधी की अहिंसा को पराजित किया, आजादी और देश के विभाजन ने उनकी आस्था को। वामपन्थियों ने उन्हें युग के सबसे बड़े खलनायक और पूँजीवाद के एजेंट के रूप में चिह्नित किया। गाँधी की यह पराजय इतिहास और मनुष्यता के नैतिक आत्म की पराजय थी। उनकी पराजय भीड़ में बदलते हुए समाज की उन्मत्त विजय का प्रगाण थी। आजादी, संघर्ष, समाज और क्रान्ति— ये महज शब्द थे— जिनके कोलाहल में व्यक्ति-मनुष्य की आवाज दब गयी थी। क्या प्रगतिवाद गाँधी के मूल्यों की पराजय के उपलक्ष्य में आयोजित सांस्कृतिक कार्यक्रम था? प्रगतिवाद में मनुष्य की आन्तरिकता को निर्वासित कर दिया गया। मार्क्सवाद से अभिमंत्रित यथार्थ को साहित्य की आधिकारिक अन्तर्वस्तु तय किया गया। अब केवल समाज था। समाज में अन्याय था। यह अन्याय ही यथार्थ था। समाज से इस अन्याय को साहित्य के द्वारा मिटाया जाए—प्रगतिवाद के मंच से यह तय हुआ। इस दौर में दूर-दूर तक व्यक्ति का नामोनिशान नहीं था। साहित्य की दुनिया में कर्फ्यू और मार्शल लॉ लगा हुआ था। अज्ञेय ने कर्फ्यू लगाने वाली इस सत्ता को चुनौती दी। परिणाम सामने था। ताकत के पास कितनी सत्ता होती है और उसके दुरुपयोग में वह किस हद तक जा सकती है—इसे अज्ञेय के प्रति वामपंथी आलोचकों के व्यवहार से समझा जा सकता है।

2

अज्ञेय की कविता में व्यक्तित्व के प्रति जो आग्रह है उसमें जड़ सामाजिकता के प्रतिरोध और अस्वीकार की चेतना है। अज्ञेय ने अपनी दर्जनों कविताओं में इस व्यक्तित्व-सम्पन्न मनुष्य को अपना विषय बनाया। विज्ञान और राजनीति के द्वारा बनती हुई एक नयी दुनिया में मनुष्य की अवधारणा, व्यक्ति और समाज के सम्बन्ध और जीवन के नैतिक आधारों का प्रश्न किताबी नहीं, बल्कि आधुनिक सभ्यता का केन्द्रीय प्रश्न था। अज्ञेय का व्यक्ति सभ्यता के इसी केन्द्रीय प्रश्न के सामने खड़ा है। जीवन और इतिहास के वास्तविक प्रश्नों का उत्तर व्यक्तित्व के धरातल से ही मिल सकता है। अज्ञेय में जिस

व्यक्ति-मनुष्य की प्रस्तावना है, वह आत्मबद्ध नहीं है–

दूर दूर दूर
मैं वहाँ हूँ
जो भी जहाँ भी पिसता है
पर हारता नहीं, न मरता है–
पीड़ित श्रमरत मानव
अविजित दुर्जय मानव
कमकर, श्रमकर, शिल्पी, स्रष्टा–
उसकी मैं कथा हूँ।

घृणा, भय और संशय से मुक्त मनुष्य की यह परिकल्पना पूँजीवादी, व्यक्तित्वहीन उपभोक्ता का प्रतिपक्ष है। इस व्यक्ति-मनुष्य का एक जीवन दर्शन है जिसमें गति और अपने से बाहर फैले हुए संसार की गहरी स्वीकृति है–

गति से अलग नहीं पथ की यति कोई!
अपने से बाहर आने को छोड़ नहीं आवास दूसरा
भीतर-भले स्वयं साँई बसते हों।

अपने से बाहर आना कोई यांत्रिक क्रिया नहीं, बल्कि एक चुनाव है। चुनाव का यह विवेक अपने व्यक्तित्व की इयत्ता से ही अर्जित किया जा सकता है। एक नये समाज की रचना ऐसे ही संस्कारित व्यक्तित्व के आत्मदान से सम्भव है–

यह दीप, अकेला, स्नेहभरा
है गर्वभरा मदमाता, पर
इसको भी पंक्ति को दे दो।

आज की हमारी दुनिया का संकट मनुष्य का उपभोक्ता में अवमूल्यित हो जाना है। पर्यावरण, हिंसा, असमानता और अर्थहीनता इसी मूल संकट की शाखाएँ हैं। यह उपभोक्ता मनुष्य दायित्व और मूल्यों की दुनिया से निर्वासित, ऐन्द्रिक उत्तेजना के अँधेरे में चमगादड़ की तरह लटका हुआ है। इस चमगादड़ की व्याप्ति मानवीय जीवन के सभी पक्षों में देखी जा सकती है। मानवीय व्यक्तित्व के प्रति अज्ञेय के प्रबल आग्रह की नैतिक आवाज़ इस अँधेरे में अधिक साफ सुनाई पड़ती है। क्या अज्ञेय की इस नैतिक आवाज़ में गाँधी का पार्श्व स्वर शामिल नहीं है?

अज्ञेय की कविता में प्रेम की पर्याप्त उपस्थिति है। उम्र और काव्य-यात्रा के विकास के साथ प्रेम की अनुभूति, प्रकृति और उसके प्रति दृष्टिकोण में बदलाव हुआ है। अज्ञेय के प्रारम्भिक चरण की कविताओं में प्रेम अनुभूति के अमूर्तन और रहस्यात्मक कोहरे में लिपटा दिखता है। सम्भवतः मन और देह की कुंवारी धरती

पर प्रेम एक रहस्यात्मक अनुभूति के रूप में ही उभरता है। देह के भीतर जगती हुई प्यास अन्तरिक्ष के विस्तार में भटकती है। इक्कीस वर्षीय अज्ञेय ने अपने संग्रह 'चिन्ता' में लिखा—"मैं जन्म-जन्मान्तर की अपूर्ण तृष्णा हूँ, तुम उसकी असम्भव पूर्ति। इस तृष्णा और तृप्ति का कहाँ मिलन होगा, कहाँ एक-दूसरे में समाहित हो जाएगी, यह मैं नहीं जानता... ।" प्रेम का यह अधूरापन छायावाद में भी है जो कविता को औदात्य की गरिमा देता है। प्रेम की जीवन्तता और उसका अमरत्व अधूरेपन में ही है। प्रेमजनित-आवेग और प्रतीक्षा के ताप को छायावादियों ने दर्शन से नियंत्रित किया। क्या अज्ञेय की प्रेमानुभूति पर छायावाद का प्रभाव है? विजयदेव नारायण साही की भविष्यवाणी थी—"यदि परम्परा हमेशा परिवर्तन और वैपरीत्य की दिशाओं में फूटती चलती है, तो अज्ञेय, आगे के इतिहासकार को प्रसाद की 'परम्परा' में ही दिखाई पड़ेंगे।" क्या अज्ञेय की प्रेमानुभूति साही की इस भविष्यवाणी को पुष्ट करती है? इस सवाल पर विचार करना जरूरी है। प्रेम को लेकर प्रसाद में कहीं भी गोपन-भाव नहीं है। वर्तमान के ध्वस्त और बियावान खँडहर में भटकती ज़िन्दगी के परदे पर देह और मन के उत्सव में डूबी हुई स्मृतियाँ उभरती हैं—

परिरम्भ कुम्भ की मदिरा निःश्वास मलय के झोंके
मुखचन्द्र चाँदनी जल से मैं उठता था मुँह धो के।

यह जानते हुए भी कि जो चला गया है, उसकी वापसी सम्भव नहीं है—प्रतीक्षा का दुर्निवार आवेग जीवन के इस चट्टानी सच पर पछाड़ खाकर गिरता है—

इस कठिन आह से खिंचकर
तुम आओगे आओगे।

'आने' पर यह बलाघात प्रतीक्षा की त्रासदी को और अधिक घनीभूत कर देता है। त्रासदी के इस बीहड़ से निकलने का एकमात्र रास्ता दर्शन का था। 'कामायनी' में इसी रास्ते से चलकर प्रसाद आनन्द-भूमि तक पहुँचते हैं, लेकिन आनन्द का यह आलोक भी अपूर्णता और अकेलेपन के अँधेरे को बेध नहीं पाता। यह प्रेम की उच्चतर भूमि है जहाँ से आध्यात्मिकता मानवीय चेतना को स्पर्श करती है। अज्ञेय की प्रेमानुभूति में प्रसाद जैसा आवेग नहीं है। इस आवेगहीनता का एक कारण तो भावों पर अज्ञेय का वैचारिक नियन्त्रण और गहरी साधना से अर्जित संयम है। उत्तर छायावादी प्रेम की घनानन्दीय विकलता का एक रूप अंचल की इन पंक्तियों में दिखता है—

छिपाने को छिपा लेता विकल चीत्कार मैं सारा
मगर अभिव्यक्ति की मानव सुलभ तृष्णा नहीं जाती
नहीं जाती किसी की याद प्राणों से नहीं जाती।

अज्ञेय में ऐसी विकलता कहीं नहीं है, हालाँकि कुछ कविताओं में उनका संयम टूटा है और प्रेमजनित विषाद सतह पर आ गया है। यह विषाद अपने अधूरेपन का भी है और प्रेम की नियति का भी। एक दिन खत्म हो जाता है प्रेम। रेत पर निशान की तरह शेष रह जाती है प्रिय की स्मृति और बुरुँश की ओट में लिये गये चुम्बनों की थरथराहट समय के बीत जाने के बाद भी बनी रहती है। रात की छाती में कवि की प्रेमजनित व्यथा व्याप जाती है, पूर्णिमा की चाँदनी सोने नहीं देती और भोर वेला में नदी-तट की घंटियों का नाद पराजय बोध को जगा देता है। समय और प्रेम के द्वन्द्व में प्रेम की पराजय तय है। यही उसकी नियति है। मनुष्य प्रेम के अनुभव में जीते हुए देह के पार जाने का स्वप्न देखता है, लेकिन समय का प्रवाह मानवीय स्वप्न और आकांक्षा के बुलबुलों को फोड़ता हुआ जारी रहता है। समय की अपराजेयता और प्रेम की नश्वरता का युग्म ही अज्ञेय में पराजयबोध पैदा करता है। 'हरी घास पर क्षण भर' की एक कविता 'राह बदलती नहीं' में अज्ञेय ने लिखा—''राह बदलती नहीं—प्यार ही सहसा मर जाता है।'' यह वैराग्य का नहीं, विवेक का आलोक है जिसमें प्रेम की आधार भूमि दिखती है। प्रेम के मूल आधार हैं—व्यक्तित्व की स्वाधीनता और दुख को स्वीकार करने की मानवीय योग्यता। अज्ञेय की चर्चित कविता 'पहला दौंगरा' की ये पंक्तियाँ गौरतलब हैं—

गगन में मेघ घिर आये। तुम्हारी याद
स्मृति के पींजड़े में बाँधकर मैंने नहीं रखी
तुम्हारे स्नेह को भरना
पुरानी कुप्पियों में स्वत्व की
मैंने नहीं चाहा
गगन में मेघ घिरते हैं
तुम्हारी याद घिरती है।
उमड़कर विवश बूँदें बरसती हैं।
तुम्हारी सुधि बरसती है
न जाने अन्तरात्मा में मुझे यह कौन कहता है
तुम्हें भी यही प्रिय होता
क्योंकि तुमने भी निकट से दुख जाना था।

बादल और याद प्रेम के आदिम सहचर हैं। कालिदास का 'मेघदूत' तो इसका सर्वविदित साक्ष्य है ही, तुलसी के राम तक में आषाढ़ के गरजते हुए बादलों की छाँह में सीता की अनुपस्थिति कसकती है—

घन घमंड नभ गरजत घोरा, प्रिया हीन मन डरपत मोरा।

यह डर सीता की अनुपस्थिति के कारण राम के मन में घिरते हुए सूनेपन का व्यंजक है। 'आषाढ़ का एक दिन' की मल्लिका को याद करें। मेघों की छाया और अन्तहीन प्रतीक्षा के मौन के बीच जिन्दगी की सूखती हुई नदी! अज्ञेय की उपर्युक्त पंक्तियों में भी मेघ हैं, यादें हैं और आँसू हैं, लेकिन इनमें कुछ नया भी है—'स्वत्व की पुरानी कुप्पियों में प्रिय के स्नेह को भरने की चाह का परित्याग।' स्वत्व की पुरानी कुप्पियाँ पितृसत्तात्मक मूल्य-दृष्टियाँ हैं। ये मूल्य-दृष्टियाँ बन्धन और अधिकार की सैद्धांतिकी पर टिकी हैं। 'गोदान' के प्रो. मेहता भी प्रेम को एक ऐसे शेर के रूप में परिभाषित करते हैं जो अपने 'शिकार' पर किसी अन्य की निगाह को सहन नहीं करता। अगर प्रेम भी विवाह की तरह सम्बन्ध का पण्यीकरण करे तो समस्या पैदा होगी। विवाह तो मानवीय स्वाधीनता की बहुत पुरानी और स्वीकृत बलि-वेदी है। वह वृक्ष को फर्नीचर में बदलने, नदी को बोतल में कैद करने और वन्य जीवों को चिड़ियाघर की 'सुरक्षा' मुहैया कराने वाली कारख़ानानुमा संस्था है। इसलिए प्रेम का बल सामाजिकता पर नहीं, जीवन की स्वाधीनता पर है। सामाजिकता पर अत्यधिक आग्रह रखने वाले समुदायों में प्रेम अक्षम्य अपराध है, क्योंकि वह जीवन की गतिहीनता और निष्प्राण विश्वासों को चुनौती देता है। प्रेम व्यक्तित्व की उभयात्मक स्वाधीनता के आधार पर ही एक सभ्य सुसंस्कृत और सुन्दर समाज का स्वप्न देखता है। यह स्वाधीनता, अराजकता नहीं, जैसा पुरातनपंथियों का आरोप है, बल्कि एक अराजक तथा एब्सर्ड समाज व्यवस्था में संगति और लय पैदा करने की सर्जनात्मक दृष्टि है। अज्ञेय ने दुख को प्रेम का मूल्य माना है। यह दुख अभावात्मक नहीं है, बल्कि एक विचार है। सुख प्रेम की व्याप्ति को, उसकी गहराई तथा रूमानियत को सोख लेता है। सुख उपभोक्तावादी संस्कृति का सबसे बड़ा नारा है। इस नये नारे के अनुसार सुख की समूची सत्ता उपभोग के अवसर और क्षमता पर टिकी है। जीवन का सारा सुख बाजार में उपलब्ध है, केवल खरीदने की हैसियत चाहिए। इस तरह यह उपभोक्तावाद—मनुष्य की पवित्रता को नष्ट करके उसे भौतिक लालसा में हाँफते हुए पशु में बदल देता है। इसलिए सुख प्रेम-विरोधी स्थिति है। खाप पंचायतों के आतंक और उपभोक्तावादी रणनीति से संचालित-पोषित बाजार के सर्वग्रासी समय में अज्ञेय के प्रेम-दर्शन पर विचार किया जाना चाहिए। क्या वह एक आतंककारी सामाजिकता और सर्वग्रासी बाजार-व्यवस्था का प्रतिपक्ष नहीं है?

3

पार्श्व गिरि का नम्र, चीड़ों में
डगर चढ़ती उमंगों-सी

बिछी पैरों में नदी ज्यों दर्द की रेखा
विहग-शिशु मौन नीड़ों में
मैंने आँख भर देखा
दिया मन को दिलासा—पुनः आऊँगा
(भले ही बरस दिन-अनगिन युगों के बाद!)
क्षितिज ने पलक-सी खोली
तमककर दामिनी बोली—
'अरे यायावर, रहेगा याद?'

अज्ञेय की यह प्रसिद्ध कविता है। इसमें प्रकृति का चित्रण नहीं है बल्कि रचनात्मकता का आलोक-क्षण है जिसमें मनुष्य और प्रकृति का द्वैत मिट गया है। बिछी पैरों में नदी ज्यों दर्द की रेखा-प्रसाद के यहाँ यह दर्द वेदना है। जो वेदना प्रसाद के मानस में स्मृति बनकर फैली थी, अज्ञेय के सामने नदी बनकर बह रही है। यहाँ नदी पर भाव का आरोपण नहीं है। नदी को देखकर जीवन में प्रवाहित दर्द का अहसास जगता है। चीड़-वन में उमंगों-सी चढ़ती पगडंडी पर चलते हुए कवि मौन-नीड़ों में विहग शिशुओं को आँख भर देखता है। चलते हुए कहीं पहुँचना नहीं है। दृश्य ही यात्रा की फलश्रुति बन गया है। आँख भर देखना—एक मुहावरा है—इस तरह देखना कि देखना क्रिया न रहकर अस्तित्व की अनुभूति हो जाए। ऐसा देखना ही जीना है, जीवन के अर्थ का साक्षी होना है। मन ठहर जाना चाहता है इस क्षण में, इस परिवेश में, लेकिन कवि जिन्दगी की हकीकत जानता है। मन को फिर से आने का दिलासा देता है। कोष्ठक में एक पंक्ति आती है—(भले ही बरस दिन-अनगिन युगों के बाद!) यह मन से स्वतन्त्र कवि का स्वगत कथन है—नाटक! आदमी अपने नाटक से अपने मन को भी नहीं बख्शता। जब जिन्दगी की गति और नियति पर कोई नियन्त्रण न हो तो भरोसा और दिलासा ही जीने का आधार बनते हैं। एक कालबद्ध कवि किस आधार पर अनगिन युगों के बाद भी लौटने का भरोसा मन को दिलाता है? यह प्रकृति और मनुष्य के सनातन सम्बन्धों की अनुभूति से उपजा हुआ विश्वास है। लेकिन प्रकृति मनुष्य को बेहतर जानती है। वह जानती है कि मनुष्य की जिन्दगी में कुछ भी नहीं लौटता, वह लौटना चाहे तब भी नहीं। प्रकृति से मनुष्य के लगाव की आकांक्षा और अलगाव की नियति का द्वन्द्व इस कविता को एक मार्मिक अर्थ से भर देता है। कविता के खत्म होने पर भी पाठक की चेतना पर अदृश्य-उदासी की छाया मँडराती रहती है।

अज्ञेय की प्रकृतिपरक कविताएँ अपने टटके बिम्बों और दृष्टि की गहरी, तरल

और पवित्र संवेदनशीलता के कारण ध्यान आकर्षित करती हैं। उनकी एक छोटी-सी कविता 'सूर्यास्त' की ये पंक्तियाँ द्रष्टव्य हैं—

धूप—
माँ की हँसी के प्रतिबिम्ब-सी शिशु-बदन पर—
हुई भासित।

कोलाहल और भगदड़ से भरे समय में सम्बन्ध, प्रकृति और दृश्य की पवित्रता तथा नीरवता को कविता इसी तरह बचाकर उन्हें भावी पीढ़ियों के लिए सुरक्षित रखती है।

यायावर होने के कारण अज्ञेय के अनुभवों और स्मृतियों में प्रकृति की विपुल छवियाँ हैं जिन्हें उन्होंने अपनी सैकड़ों कविताओं में दर्ज किया। कुछ कविताओं में यौन-भावना का आरोपण है, कहीं प्रकृति का मानवीकरण है तो कहीं प्रकृति की पृष्ठभूमि में अपनी आन्तरिक उलझनों, व्यथाओं तक पहुँचने की यात्राएँ हैं। प्रकृति के बहुत सारे रूपों को प्रतीक में ढालकर भाषा का अर्थ-विस्तार किया है। सागर, मछली, हारिल आदि उनके चर्चित प्रतीक हैं। अज्ञेय ने नन्दा देवी पर एक काव्य-शृंखला लिखी है। इस काव्य-शृंखला में अज्ञेय की काव्य चेतना के विभिन्न आयामों की झलक मिलती है। नन्दा कवि के लिए केवल पर्वत शिखर नहीं है। वह धरती और भारत के लिए, समूची सभ्यता के लिए मूल्यवान है। प्रकृति से प्रेम का अर्थ उसके प्रति केवल आदर रखना और उसके सौन्दर्य से अभिभूत होना नहीं है। नन्दा के अस्तित्व को लेकर अज्ञेय में एक गहरी चिन्ता दिखाई देती है। विकास की विध्वंसकारी गतियों की परिणति का एक कारुणिक दृश्य कविता के फलक पर उभरता है। सौन्दर्य और पवित्रता की हत्या का परिणाम एक दिन घटित होगा मानवीय सभ्यता में। झरने सूख जाएँगे, हिमालय से निकलने वाली नदियों का छन्द टूटेगा। जीवन और संस्कृति को सींचने वाली नदियाँ अनियन्त्रित होकर बाढ़ और बीमारियों का कारण बनेंगी। हिमालय के जंगलों को लुगदी बनाने वाली यह विकास यात्रा अन्ततः आने वाली पीढ़ियों के लिए विरासत में एक ऐसी धरती छोड़ जाएगी जो हरियाली, वन-झरनों और आकाश की निर्मलता से वंचित रेगिस्तान होगी और यह रेगिस्तान केवल बाहर नहीं होगा बल्कि मनुष्य की चेतना में, उसके सम्बन्धों में, उसकी जिन्दगी में भी फलित होगा। धरती और मनुष्य के जीवन को मरु प्रदेश में बदलने वाली इस सर्वभक्षी सभ्यता के प्रतिकार का यह स्वर कविता को व्यापक मानवीय चिन्ताओं से जोड़ता है। यह प्रकृति और कविता का नया रिश्ता है—एक-दूसरे के प्रति गहरी आत्मीयता से भरा हुआ, एक-दूसरे के अस्तित्व के प्रति चिन्तित। जब प्रकृति नहीं होगी तो कविता भी नहीं होगी। कविता और प्रकृति से रहित जीवन

की अर्थहीनता को अज्ञेय रेखांकित करते हैं। यह अज्ञेय की काव्यानुभूति का विस्तार भी है और व्यापक संवेदनशीलता का प्रमाण भी।

4

मार्क्सवादी आलोचकों का मानना है कि अज्ञेय के काव्य में अपने समय और समाज की चिन्ताएँ अनुपस्थित हैं क्योंकि उनकी कविता का स्वभाव कलावादी और आभिजात्यवादी है। समाज-विमुखता उन्हें अमूर्तन और रहस्यवाद की ओर ले जाती है। नामवर जी ने तो अज्ञेय को आधुनिक कविता का बिहारी कहा ही है। अज्ञेय की कविताओं से ये सभी निष्कर्ष काव्येतर स्रोतों से निकाले गये हैं। अगर एक रचनाकार हिन्दी की मार्क्सवादी आलोचना की निर्देश-पट्टिका का उल्लंघन करता है तो उसे समाज-विरोधी, कलावादी और रहस्यवादी तो होना ही पड़ेगा। मेमना चाहे जहाँ भी पानी पिये, उसे नदी को जूठा करने के अपराध की सजा तो मिलेगी ही। असली सवाल यह है कि कविता का एजेंडा तय कौन करेगा! कवि या आलोचक? क्या कविता आलोचना की माँग की आपूर्ति के लिए लिखी जाएगी? अपने अनुभव की ईमानदारी और अभिव्यक्ति की स्वतन्त्रता की रक्षा रचना-कर्म की अनिवार्य नैतिकता है। इस नैतिकता से समझौता करने वाला व्यक्ति पत्रकार हो सकता है, सर्जक नहीं। अज्ञेय ने बार-बार कहा है कि कोई भी रचना अपने समय से बाहर नहीं होती, लेकिन अपने समय के साथ रचनाकार का रिश्ता वही नहीं होता जो एक समाजशास्त्री, राजनेता और व्यापारी का होता है। रचनाकार उस यथार्थ पर निर्भर नहीं करता जो एक प्राकृतिक तथ्य की तरह उसके चारों ओर फैला है। रचनाकार के लिए यथार्थ कोई परिभाषित प्रत्यय नहीं। यह कवि की जीवन दृष्टि और काव्यानुभूति में अपना आकार ग्रहण करता है। इस रूप में रहस्यवाद भी उनके लिए उतना ही मूल्यवान है जितना एक सामाजिक-राजनीतिक प्रश्न। सामाजिक यथार्थ और रहस्यानुभूति का विभाजन आलोचना के मानचित्र पर होता है, कवि की चेतना में नहीं। यह सच है कि अज्ञेय की कविताएँ प्रगतिवादी कवियों जैसी नहीं हैं, यह भी उतना ही सच है कि वे मार्क्सवादी आलोचना के निर्देशों का अनुपालन नहीं करतीं। अज्ञेय के काव्य को खारिज करने और उसे यथार्थ-विरोधी सिद्ध करने के लिए ये तर्क नाकाफ़ी हैं।

'नन्दा देवी' शृंखला की जिन कविताओं में विनाशकारी और आत्महन्ता विकास का प्रतिरोध है, उसी शृंखला की कविता (नन्दा देवी-2) में जीवन का एक और सच है—

वहाँ दूर शहर में

बड़ी भारी सरकार है
कल की समृद्धि की योजना का
फैला कारोबार है
और यहाँ
इस पर्वती गाँव में
छोटी-से-छोटी चीज की दरकार है
आज की भूख-बेबसी की
बेमुरव्वत मार है।

एक आजाद मुल्क की सरकार और आम जिन्दगी के बीच फैली हुई सम्बन्धहीनता की विडम्बना का साक्षात्कार कवि हिमालय के सान्निध्य में करता है। समृद्धि की योजना सरकार का मलाईदार कारोबार है—यह सच बीसवीं सदी के आठवें दशक के भारत का भी था और इक्कीसवीं सदी के भारत का भी है। इसी नन्दा देवी की तेरहवीं कड़ी में अज्ञेय ने मृत्यु और नियति के सनातन प्रसंग को उठाया है—

शिखर पर क्या है गजराज?
...मृत्यु/क्या मृत्यु ही है शिखर पर?
...तो शिखर से आगे क्या है?

क्या नन्दा देवी की शृंखला में कोई अन्तर्योजना नहीं है? पर्यावरण, सत्ता और चरम जिज्ञासा को अलग-अलग कोटियों में बाँटना क्या आलोचना और विश्लेषण का अतिसरलीकरण नहीं है? जीवन के मामूली सामयिक प्रश्नों तथा आत्यन्तिक और सनातनी प्रश्नों की बिरादरी एक है। वे आपस में मिलना और बतियाना चाहते हैं। आलोचकों ने इनके बीच आतंक की एक तालिबानी दीवार खड़ी कर दी है। इस दीवार को सृजनात्मकता ही तोड़ेगी कभी न कभी।

देश के विभाजन की त्रासदी पर हिन्दी कवियों की निगाह गयी हो—इसका प्रमाण कविताओं से तो नहीं मिलता। भारतीय इतिहास की इतनी बड़ी रक्तरंजित वास्तविकता यथार्थवादी कवियों की चिन्ता से क्यों बाहर रह गयी? क्या देश का विभाजन समय से बाहर, चेतना के समाधि लोक में घटित कोई अनिर्वचनीय आध्यात्मिक अनुभूति थी जिस पर समाज-विह्वल कवियों की नजर नहीं गयी? विभाजन की त्रासदी पर नहीं लिखना किसी कवि का अपराध नहीं है और न ही इस आधार पर उनके कवि-कर्म का मूल्यांकन होगा। मूल्यांकन तो उसका होगा जो लिखा गया है। जो लिखा ही नहीं गया है—उसके आधार पर फैसला देना दादागिरी है, आलोचना नहीं। अज्ञेय ने देश के विभाजन की त्रासदी पर 'शरणार्थी' शृंखला लिखी। इस शृंखला की ग्यारह कविताओं के कई रंग हैं। इनमें व्यंग्य हैं, विषाद है, धर्म के

नाम देश ही नहीं, मानवीय रिश्तों में दरार पैदा करने वाली दृष्टि और राजनीति का प्रतिकार है। इन कविताओं में एक नैतिक स्वर भी है जो रक्तपात, उन्माद और घृणा के दिगन्तव्यापी कोलाहल के बीच मानवीय धर्म का आह्वान करता है और धर्म की खाल में छिपी हुई पशुता का पर्दाफ़ाश भी—

नहीं है यह धर्म, ये तो पैंतरे हैं उन दरिंदों के
रूढ़ि के नाखून पर मरजाद की मखमल चढ़ाकर
जो विचारों पर झपट्टा मारते हैं—
बड़े स्वार्थी की कुटिल चालें!
साथ आओ—
गिलगिले ये साँप बैरी हैं हमारे
इन्हें आज पछाड़ दो
यह मकर की तनी झिल्ली फाड़ दो
केंचुलें हैं केंचुलें हैं झाड़ दो।

यह सही है कि अज्ञेय की कविता में व्यक्त युग-बोध ब्रांड-धर्मी नहीं है, लेकिन ब्रांड को गुणवत्ता की एकमात्र और अन्तिम कसौटी मान लेना तो विवेक की पराजय है। एक रचनाकार होने के साथ अज्ञेय सिद्धान्तकार भी हैं। उनकी अनेक चर्चित मान्यताएँ सैद्धान्तिकी को अपनी सृजनात्मक अन्तर्योजना में धारण करती हैं यानी उनके यहाँ सिद्धान्त कविता के रूप में आता है, कविता सिद्धांत रूप में नहीं आती। अज्ञेय के अधिकांश सिद्धान्त हिन्दी की मार्क्सवादी आलोचना की स्थापनाओं के विरोध में हैं। संगठनों के बल पर अपनी स्थापनाओं को अपौरुषेय मान लेने की मार्क्सवादी दावेदारी का सजग, सुनियोजित और भरपूर विरोध अज्ञेय के सिद्धान्तों का मूल स्वर है। नदी के द्वीप, यह दीप अकेला, कलगी बाजरे की, जितना तुम्हारा सच है और असाध्य वीणा—अज्ञेय की चर्चित रचनाएँ हैं जो कविता की जमीन से शीतयुद्ध के दौर में साहित्य की गिरफ्तारी का विरोध करती हैं। अज्ञेय में इकाई पर बल है। उनकी दृष्टि में समाज और इतिहास का कोई भी अनुभव व्यक्ति की चेतना से गुजरकर ही मूल्यवान, प्रामाणिक और सार्थक होता है। व्यक्ति की चेतना ही सामूहिक अनुभव और विश्वासों का पुनर्गठन कर इतिहास को गति देती है। इसलिए रचना का मूल प्रयोजन समाज को बदलना नहीं बल्कि व्यक्ति-संवेदना का संस्कार है। 'असाध्य वीणा' में उन्होंने कहा कि रचना का सच एकार्थी नहीं होता। सच को एक मानने का तर्क और आग्रह सत्ता का होता है, रचना का नहीं। रचना अनुभव और दृष्टि की विविधता के जनतन्त्र का आदर करती है, उसका बल विराट और विविध सृष्टि की अन्तःसूत्रता पर होता है, एकरूपता पर नहीं। स्मृति और वर्तमान, व्यक्ति और समाज, औसत और विशिष्ट के

विभाजन को पाटकर ही रचना अर्थवान बनती है। अज्ञेय ने कहा कि संप्रेषण वस्तु का नहीं, अनुभव का होता है। इसी दृष्टि के कारण अज्ञेय समाज और इतिहास-विरोधी पाये गये।

शताब्दी वर्ष में अज्ञेय को याद करने का अर्थ यह जानना है कि संगठन की भाषा बोलने की बेपनाह सहूलियतें हैं, लेकिन ये सहूलियतें अन्तरात्मा और विवेक से निर्वासित करके व्यक्ति को एक ऐसी दुनिया का कैदी बना देती हैं जहाँ वह वैचारिक पराधीनता में ही मुक्ति का आनन्द लेने लगता है। अनुभव और विचार के प्रति निष्ठा, सृजन की मानवीय भूमिका में भरोसा तथा अपराजेय निर्भयता—इन जीवन और काव्य-मूल्यों को अज्ञेय ने अपनी जातीय परम्परा से अर्जित किया था। हम इस परम्परा को अर्थ और गति दें। यह भी अज्ञेय को याद करने का एक रूप होगा। अन्त में अज्ञेय की ये काव्य पंक्तियाँ—

घिर गयी जो लहर वह सो जाय
तीर-तरु का बिम्ब भी अव्यक्त में खो जाय
मेघ, मरु, मारुत, मरण—अब आय जो सो आय!

मैं रूपक हूँ दबी हुई दूब का : नागार्जुन

1

नागार्जुन की एक कविता है— 'आखिर ऐसा क्या कह दिया मैंने।' इस कविता का अन्तिम अंश है—

नहीं, नहीं
अब कोरे कागजों पर
नहीं उतरूँगी मैं!
मैं तो विचरण करूँगी
दिलोंवाली
नदियों के
सैकत-पुलिन पर!
टंकित होऊँगी
दीन-दुखियों के मानस-पटल पर
अरे, अरे, अरे!
तुम हमसे मुँह क्यों चुराते हो!
आखिर ऐसा क्या कह दिया मैंने?

यह कविता नागार्जुन के सम्पूर्ण रचना-कर्म का बीज-भाव है जिसे उन्होंने अपनी सामाजिक-आर्थिक स्थितियों और यायावरी से अर्जित किया है। उनका विपुल काव्य प्रकृति और अभावग्रस्त जिन्दगी का विश्वकोश है। अन्याय, अभाव, दरिद्रता, भूख और—विस्थापन—नागार्जुन के जीवन की चट्टानी वास्तविकताएँ हैं, कविता का एजेंडा नहीं। 'कवितावली' में तुलसीदास ने अपने बचपन के दारुण अभावों और अपमानों के बारे में लिखा था—

''मातु-पिता जग जाइ तज्यो बिधिहूँ न लिखी कुछ भाल भलाई
नीच, निरादर भाजन, कादर, कूकर-टूकन लागि ललाई।'' और
बारे तें ललात-बिललात द्वार-द्वार दीन...

इस दुख का कारण विधि का विधान है। विधाता ने मेरे जीवन के मानचित्र में अपमान, दरिद्रता और दुख का अन्तहीन अँधेरा भर दिया। जन्म के बाद ही माता-पिता द्वारा परित्यक्त, अपमान से बिंधा हुआ बचपन, कुत्ते के मुँह में पड़े हुए अन्न के टुकड़े को देखकर ललचाता हुआ... द्वार-द्वार पर घिघियाते हुए भीख माँगने में बीता! तुलसी के जीवन की यह यातना भक्त वत्सल राम, अशोक के बाद भारत के सबसे प्रतापी और समर्थ सम्राट अकबर और तथाकथित धार्मिक समाज के बावजूद है। इस चरम यातना के प्रति ईश्वर, राजनीतिक सत्ता और धार्मिक समाज की अमानवीय उदासीनता से उत्पन्न विक्षोभ कविता में फूटता है। बीसवीं सदी के पराधीन भारत में नागार्जुन ने लिखा–

मानव होकर मानव के ही चरणों में मैं रोया!
दिन बागों में बीता रात को पटरी पर मैं सोया!
कभी घुमक्कड़ यार-दोस्त से मिलकर कभी अकेले–
एक-एक दाने की खातिर सौ-सौ पापड़ बेले!

जिन्दगी का यह अभाव और संघर्ष ही नागार्जुन के काव्य-संसार की जलवायु है और विक्षोभ उनकी कविता का केन्द्रीय स्वर। आदिकवि के यहाँ विक्षोभ करुणा में, तुलसी के यहाँ नियति की अपराजेयता के रूप में और नागार्जुन के यहाँ एक विराट मानवीय बिरादरी के प्रति गहरी आत्मीयता और संवेदना के रूप में व्यक्त हुआ है। 1939 में नागार्जुन ने कविता लिखी–'उनको प्रणाम'। सत्ता, सफलता और सामर्थ्य का सजग अस्वीकार तथा साधारण, उपेक्षित और असफल मानव-समुदाय के प्रति आदर, सहानुभूति और भाईचारे का भाव–नागार्जुन का जीवन-मूल्य भी है और काव्य-मूल्य भी–

जिनकी सेवाएँ अतुलनीय
पद विज्ञापन से रहे दूर
प्रतिकूल परिस्थिति ने जिनके
कर दिये मनोरथ चूर-चूर!–उनको प्रणाम!

यह पक्षधरता नागार्जुन की ही नहीं बल्कि कविता की मूल प्रकृति है जो इतिहास और सभ्यताओं से गुजरती हुई संस्कृति और मूल्यों को जीवन देती है। इसी अर्थ में मुक्तिबोध ने कविता को 'आवेग-त्वरित काल-यात्री' कहा है। नागार्जुन की इस पक्षधरता को आलोचकों ने मार्क्सवाद से जोड़ दिया है। नागार्जुन ने स्वयं अपनी कई कविताओं में अपने को 'जनकवि' के रूप में प्रस्तुत करने के साथ 'बहुजन समाज की अनुपल प्रगति के निमित्त' अपनी प्रतिबद्धता, सम्बद्धता और आबद्धता की घोषणा की है। उनकी सैकड़ों कविताएँ वामपन्थी राजनीति के 'आइटम सौंग' के रूप

में लिखी और सराही गयी हैं। नागार्जुन के इस काव्य-व्यवहार पर अलग से विचार किया जाएगा। यहाँ यह स्पष्ट करना जरूरी है कि कविता घोषणाओं से नहीं रची जाती और 'पक्षधरता' मार्क्सवाद की पुश्तैनी जमीन नहीं, बल्कि सार्थक कविता का स्वभाव है। पार्टी के कार्यकर्ता के रूप में नागार्जुन क्या कहते हैं, कविता के विश्लेषण में उसका कोई अर्थ नहीं है। कविता स्वयं कवि की विश्व-दृष्टि और उसके जीवन-मूल्यों की अभिव्यक्ति है। इसलिए कविता की राह से गुजरते हुए ही आलोचना को उनके काव्य संसार में प्रवेश करना चाहिए। 'कालिदास' नामक अपनी कविता में नागार्जुन ने लिखा—

कालिदास, सच-सच बतलाना
परपीड़ा से पूर-पूर हो
थक-थक कर औ' चूर-चूर हो
अमल-धवल गिरि के शिखरों पर
प्रियवर, तुम कब तक सोये थे?
रोया यक्ष कि तुम रोये थे?
कालिदास सच-सच बतलाना!

इस उत्तरनुमा प्रश्न में नागार्जुन की कविता सम्बन्धी मान्यताओं के अनेक सूत्र मौजूद हैं। कविता मूलतः आत्माभिव्यक्ति ही है, भाषिक कलाबाजी या सैद्धान्तिक बयानबाजी नहीं। पीड़ा की दुर्निवार कसक काव्यानुभूति का उत्स भी है और कविता की कालजयिता का रहस्य भी। पीड़ा को आत्मसात करने वाली कविता ही देशकाल का अतिक्रमण करके संवेदना और सम्बन्ध की वह जमीन तैयार करती है जहाँ से एक नयी और सुन्दर दुनिया का सपना उभरता है। नागार्जुन में यह पीड़ा रूमानी नहीं, वह कवि की सामाजिक, आर्थिक परिस्थितियों से उपजा हुआ बीहड़ जंगल है। 'रवि ठाकुर' कविता में नागार्जुन ने अपने जीवन के हालातों का हवाला देते हुए लिखा—

पैदा हुआ था मैं—
दीन-हीन-अपठित किसी कृषक-कुल में
आ रहा हूँ पीता अभाव का आसव ठेठ बचपन से
कवि! मैं रूपक हूँ दबी हुई दूब का
हरा हुआ नहीं कि चरने दौड़ते!!
जीवन गुजरता प्रतिपल संघर्ष में!!...
कलम ही मेरा हल है, कुदाल है!!
बहुत बुरा हाल है!!!

जीवन का यह दुख और अभाव नागार्जुन की कविता में बार-बार उभरता है—सामाजिक तथ्य के रूप में नहीं बल्कि सघन अनुभव के रूप में। उनकी अनेक कविताएँ 'बहुत बुरा हाल है'— के भाष्य के रूप में लिखी गयी हैं। विस्थापित जीवन के सुदूर, अजनबी परिवेश में—'सिन्दूर तिलकित भाल' वाली पत्नी के साथ अपने गाँव के लोगों और जनपदीय प्रकृति की सघन रागात्मक स्मृति उभरती है—लीचियों और आम के बाग, क्षितिज तक फैले हुए धान के मनोरम खेत, सरोवरों में खिले हुए कमल पर सुबह की उतरती पवित्र धूप और नीलिमा के निलय जैसे वेणुवनों का विस्तार—एकाकी जीवन की पीड़ा के परदे पर प्रकृति की यह भाव-सघन चित्र-वीथिका हिन्दी कविता की विरल उपलब्धि है। पिता और पति के रूप में अपने कर्त्तव्यों का सम्यक निर्वाह न कर पाने की व्यथा अपराध-बोध के रूप में छलककर कविता बन गयी है। 'प्रत्यावर्त्तन' शीर्षक कविता में नागार्जुन की यह आत्मस्वीकृति कारुणिकता की सीमा तक मार्मिक है कि मेरी यायावरी और उन्मुक्तता की बेदी पर एक स्त्री की जवानी की बलि चढ़ गयी—

हृदय में पीड़ा, दृगों में लिए पानी—
देखते पथ काट दी सारी जवानी!
मात्र मेरी भावना ही रात-दिन थी!
देवि, तेरी साधना कितनी कठिन थी!
निठुर मैंने तुम्हारी बलि चढ़ा दी—!
क्योंकि आकांक्षा बहुत अपनी बढ़ा ली!

व्यथा और अभाव की इसी धरती पर नागार्जुन की कविताओं का भारत बसा है। इस भारत में कुली हैं, मजदूर हैं, मल्लाहों के नंग-धड़ंग बच्चे हैं, फटी बिवाइयों वाले रिक्शा चालक हैं, गरीबी और भूख के कारण अकाल मृत्यु का शिकार प्राइमरी स्कूल का मास्टर और उसका परिवार (प्रेत का बयान) है, खँडहर होते स्कूलों में दुखहरन मास्टर के तमाचों से गढ़ी जाती हुई भारत की भावी पीढ़ी है तथा बीज-बैल और बरखा के अभाव में कर्ज के दलदल में डूबते किसान हैं। यह आजादी के बाद के हिन्दुस्तान की तस्वीर है—

'देश हमारा भूखा नंगा
घायल है बेकारी से
मिले न रोजी-रोटी भटके
दर-दर बने भिखारी से।'

इस परिस्थिति के लिए जिम्मेदार कौन है? अगस्त 1948 में नागार्जुन ने एक कविता लिखी—'जन्मदिन शिशु राष्ट्र का'—

आज क्या है
कुछ नहीं, बस
जन्मदिन शिशु राष्ट्र का है!
आज ही तुम मिल गये थे दुश्मनों से गुनहगारों से
छोड़कर संघर्ष का पथ
भूलकर अन्तिम विजय की घोषणाएँ
भोंककर लम्बा छुरा तुम सर्वहारा जनगणों की पीठ में
लड़खड़ा कर गिर पड़े आज ही के रोज
रेशमी, तीन रंगे गदेल पर–
तख्त-ए-ताऊस पर।

नेहरू का यह व्यवहार अप्रत्याशित नहीं था। नेहरू स्वाधीनता आन्दोलन के मध्यवर्गीय चरित्र की ही निष्पत्ति थे। भारत को एक राष्ट्र और समतामूलक समाज में संगठित करने के लिए समूची व्यवस्था में जिस आधारभूत और व्यापक बदलाव की जरूरत थी उसे पूरा करने की न इच्छा नेहरू के वर्ग-चरित्र में थी और न ही साहस। स्वतन्त्र भारत का नेहरू युग स्वराज के सपनों और मूल्यों के पराभव का युग है। नेहरू की मृत्यु पर नागार्जुन ने कविता लिखी–

'झुकती स्वराज की डाल और
रह जाते तुम दस साल और!

बीसवीं सदी के मध्य में मिली आजादी से गुजरते हुए हम समय के उस मोड़ पर हैं जहाँ इक्कीसवीं सदी का पहला दशक विदा ले रहा है। गुजरे हुए इन छह दशकों में नेहरू के भारत के चेहरे की चमक बढ़ी है। मध्यवर्ग के साथ उपभोक्तावादी संस्कृति का अभूतपूर्व विस्तार हुआ है। खरबपतियों की संख्या में उछाल आया है, योरोपीय जीवन-शैली के प्रति ललक बढ़ी है... बाजार दुकानों से लेकर मानवीय रिश्तों तक फैल गया है, लेकिन इस जगमगाहट के उस पार एक दूसरा और बहुसंख्यक भारत भी है। नेहरू के इस भारत के नेपथ्य में मूल्यों के ध्वस्त खँडहर हैं और विडम्बनाओं की एक उदास, मटमैली बस्ती है, अपराध और भ्रष्टाचार को राजनीतिक वैधता मिली है, सभी प्रकार की सार्वजनिक संस्थाओं–संसद, न्यायालय, विश्वविद्यालय, प्रशासन आदि की पवित्रता और विश्वसनीयता का क्षरण हुआ है, सामाजिक जीवन के सभी क्षेत्रों में एक दलाल संस्कृति का वर्चस्व कायम हुआ है। नदियाँ प्रदूषित हैं, देश की खनिज सम्पदा पर बहुराष्ट्रीय कम्पनियों की गिद्ध दृष्टि है। अठहत्तर प्रतिशत से अधिक लोग बीस रुपये प्रतिदिन पर गुजर-बसर करने के लिए अभिशप्त हैं, राजनीति और समाज में धर्मान्धता और असहिष्णुता बढ़ी है। एक

आजाद देश में जीवन जीने के आधारभूत संसाधनों की व्यवस्था करना तो दूर—भूख की समस्या का भी समाधान नहीं हो सका है। प्रशासन की जिम्मेदारी भूखों को रोटी मुहैया कराना नहीं, बल्कि भूख से हुई मौतों पर परदा डालना है। नागार्जुन ने लिखा—

'मरो भूख से फौरन आ धमकेगा थानेदार
लिखवा लेगा घर वालों से
वह तो था बीमार!'

इक्कीसवीं सदी का भारत नेहरू के भारत का विस्तार भी है और निष्पत्ति भी। नेहरू के द्वारा, सर्वहारा जनगणों की पीठ में, भोंके गये छुरे का खून अभी भी ताजा है और आम आदमी की जिन्दगी का घाव बढ़ता ही गया है। नागार्जुन की कविता में दुख और दर्द की इस विडम्बना को देखा जा सकता है। कविता इसी तरह दुख की निजता का विस्तार करती है और इस दुख से मुक्ति का आह्वान भी।

हिन्दी के एक अथक मार्क्सवादी आलोचक प्रो. मैनेजर पांडेय ने 'समग्र जीवन के कवि' शीर्षक लेख में लिखा है—'नागार्जुन की कविता के आधार पर 1940 के बाद के भारतीय समाज की राजनीतिक चेतना का इतिहास लिखा जा सकता है।' निश्चित रूप से यह बात उन्होंने नागार्जुन और उनकी राजनीतिक कविताओं की प्रशंसा में लिखी होगी, लेकिन ठीक यहीं पर प्रेमचन्द की 'रक्षा में हत्या' वाली कहानी की त्रासदी घटित हो गयी है। कविता या साहित्य मात्र को इतिहास का अनुचर मानने वाले दृष्टि सम्पन्न आलोचकों को यह ज्ञात ही होगा कि इतिहास और समाज का ज्ञान प्राप्त करने के लिए न तो रचना लिखी जाती है और न ही पढ़ी जाती है। प्रेमचन्द के उपन्यासों के सम्बन्ध में डॉ. रामविलास शर्मा ने यही कहा था कि उनके आधार पर बीसवीं सदी के औपनिवेशिक भारत का सामाजिक इतिहास लिखा जा सकता है। अगर इतिहास द्वारा सत्यापित यथार्थ ही साहित्य की प्रामाणिकता का आधार है और उसके निष्कर्षों में विलय ही उसकी चरम सार्थकता—तो साहित्य पढ़ने की कोई जरूरत नहीं रह जाती। ऐसी समझ रखने वाले समर्थ और मेधावी लोग साहित्य को या तो अखबार की तरह पढ़ते हैं या फिर अभिलेखागार के किसी दस्तावेज की तरह।

नागार्जुन की राजनीतिक कविताओं पर सैकड़ों लेख लिखे गये हैं, कुछ इस भाव से कि उनकी राजनीतिक कविताओं को पढ़ने से अन्याय मिटता है, शोषण दूर होता है, क्रान्ति की परी धरती पर उतरती है। इस तरह मार्क्स के साम्यवाद का यूटोपिया भारत भूमि पर साकार हो जाता है। यह आलोचना है या भक्तों का हनुमान चालीसा? निराला और मुक्तिबोध के बाद नागार्जुन ऐसे भक्तों के तीसरे शिकार हैं। देखना है कि यह भक्ति अभी—कितने कवियों की बलि लेती है। यह तथ्य है कि

छायावादोत्तर हिन्दी-कविता में नागार्जुन राजनीति के थोक कवि हैं। उनकी राजनीतिक कविताओं की परिधि में गाँधी-नेहरू और इन्दिरा गाँधी से लेकर लालू-मायावती जैसे राजनेता, आजादी के बाद भारत में उभरे तमाम किसान, छात्र, अतिवाम, जे.पी. आन्दोलन, अन्तरर्राष्ट्रीय कम्युनिस्ट नेताओं-लेनिन, स्टालिन एवं माओ की प्रशस्तियाँ, रूस, चीन एवं वियतनाम का स्तवन, स्वतन्त्र भारत में प्रजातन्त्र की हकीकत और शासन का चरित्र जैसे विषय अपनी विविधता और व्यापकता के साथ मौजूद हैं। यद्यपि नागार्जुन 1962 तक कम्युनिस्ट पार्टी के सदस्य रहे, लेकिन एक कवि के रूप में अपनी स्वाधीनता और विवेक को पार्टी से ऊपर रखा। मनोहर श्याम जोशी को दिये साक्षात्कार में उन्होंने दो टूक ढंग से इस मुद्दे पर अपनी राय व्यक्त की—"लेखक को स्वतन्त्र इकाई के रूप में पार्टी के अन्दर और पार्टी के बाहर भी देखना होता है। जिन्दगी से उसका रिश्ता पार्टी का सदस्य होने से कहीं बड़ा होता है, दूर तक फैला होता है।" गाँधी पर लिखी उनकी कई कविताएँ कम्युनिस्ट पार्टी की घोषित नीति के विरोध में है। नागार्जुन में गाँधी के प्रति अथाह श्रद्धा भाव है। 'शपथ' शीर्षक कविता में उन्होंने लिखा—

हे भारत के परम पिता, तुम
व्यक्ति-व्यक्ति के मन-मंदिर में विद्यमान हो
निविड़ तिमिर में देव, तुम्हीं जाज्वल्यमान हो...

इसके विपरीत पार्टी समर्थित नेहरू के प्रति उनकी दृष्टि आलोचनात्मक और आक्रामक है—

वतन बेचकर पंडित नेहरू फूले नहीं समाते हैं
बेशर्मी की हद है, फिर भी बातें बड़ी बनाते हैं।

1962 में भारत चीन के आक्रमण के बाद उन्होंने माओ की साम्राज्यवादी लिप्सा की तीखी आलोचना की और इस आलोचना को कम्युनिस्ट नीतियों से विचलन मानने वाले अतिवामपन्थियों को जवाब दिया, 'वे मुझे चेतावनी देने आये थे'—कविता लिखकर। इससे यह सिद्ध होता है कि नागार्जुन की राजनीतिक कविताएँ पार्टी-नीतियों एवं सिद्धान्तों का काव्यानुवाद नहीं है। उनमें कवि के विवेक और जनता की भावना की ऊष्मा विद्यमान है।

नागार्जुन की राजनीतिक कविताओं का केन्द्रीय स्वर प्रतिरोध का है—एक ऐसी व्यवस्था का प्रतिरोध जो मानवीय अधिकारों से अधिसंख्य लोगों को वंचित करती है, जो केवल बन्दूक की सत्ता पर टिकी होती है। ऐसी व्यवस्था के प्रतिरोध में उठने वाले तमाम जन-आन्दोलनों में नागार्जुन की सक्रिय हिस्सेदारी रही है। उनकी कविताओं का एक बड़ा हिस्सा ऐसे आन्दोलनों के समर्थन से जुड़ा है। मार्क्सवादी

आलोचकों ने नागार्जुन की आन्दोलनधर्मी कविताओं के आधार पर ही उन्हें महान कवि सिद्ध किया है। लेकिन कविता और कवि के महत्त्व का पैमाना आन्दोलनों का समर्थन और उसमें उसकी हिस्सेदारी नहीं हो सकता। एक आन्दोलन किसी कविता की प्रेरक पृष्ठभूमि तो हो सकता है, लेकिन कविता उस आन्दोलन की तात्कालिकता का अतिक्रमण करके ही सर्जनात्मक वैधता हासिल कर पाती है। नागार्जुन की अधिकांश आन्दोलनधर्मी कविताएँ तात्कालिकता के अतिक्रमण की ऊर्जा से रहित हैं। इसलिए वे कविताएँ आन्दोलनों के साथ ही समय में बिला गयीं। ऐसी कविताओं का उपयोग रूढ़ि के रूप में आलोचकगण करते हैं, जनवादी गोष्ठियों में वे पोस्टरों पर दिखाई देती हैं, मगर अनुभव और संघर्ष की समकालीनता के स्पन्दन से शून्य वे प्रतिरोध के पवित्र मन्त्रों की तरह—'पूजा-पाठ' का हिस्सा भर होती हैं। वस्तुतः आन्दोलनधर्मी कविताएँ मंचीय वाहवाही के लिए तो उपयोगी हो सकती हैं, लेकिन मानवीय जीवन के गम्भीर प्रश्नों को धारण करने की क्षमता उनमें नहीं होती। राजनीति भी केवल घटनाधर्मी नहीं होती। वह मनुष्य और इतिहास की नियति और दिशा को प्रभावित करने वाली चेतना भी होती है। ऐसी राजनीति से कविता का रिश्ता विशिष्ट होता है। प्रत्येक कवि अपनी विश्वदृष्टि और कला-विवेक के आलोक में इस राजनीति को आत्मसात करता है और रूपाकार में ढालता है। 'कामायनी', 'राम की शक्ति पूजा', 'अन्धा युग' और 'अँधेरे में' जैसी कालजयी रचनाओं में सभ्यता मानवीय जीवन के संकटों और अपने समय के प्रश्नों को जिस तरह उठाया गया है—नागार्जुन में उसका अभाव है। उनकी राजनीतिक कविताएँ घटनाओं और स्थितियों को अपने रचनात्मक विन्यास में घुला नहीं पातीं। व्यक्तियों और घटनाओं की सतह पर जलकुंभी की तरह तैरती ऐसी कविताएँ गहरे और दूरगामी आशयों को अखबारी तात्कालिकता में बदल देती हैं। कविता की राजनीति व्यंजनाधर्मी होती है, रिपोर्टधर्मी नहीं। नागार्जुन ने कुछ श्रेष्ठ राजनीतिक कविताएँ भी लिखी हैं। 'शासन की बन्दूक' उनकी श्रेष्ठ राजनीतिक कविता का उदाहरण है—

खड़ी हो गयी चाँपकर कंकालों की हूक
नभ में विपुल-विराट-सी शासन की बन्दूक...
जली ठूँठ पर बैठकर गयी कोकिल कूक
बाल न बाँका कर सकी, शासन की बन्दूक।

सत्ता के सर्वव्यापी आतंक और उसके प्रतिरोध की सनातनता को नागार्जुन ने बन्दूक और कोयल से व्यंजित किया है। बन्दूक विचार पर, मनुष्य की कल्पना पर, उल्लास पर तथा सौन्दर्य और संगीत की रूहानी लय पर पाबन्दी लगाकर—उसके जीवन को कंकाल में बदल देना चाहती है। बन्दूक की शक्ति अपरिमित है—नभ की तरह

विपुल और विराट। इस विराट और दमनकारी सत्ता के द्वारा जलाकर ठूँठ कर दिये गये समय की डाल पर बैठकर कोयल गाती है—मनुष्य की अपराजेयता और सर्जनात्मकता का प्रतीक बनकर। यहाँ नागार्जुन की पक्षधरता प्रभावशाली ढंग से व्यंजित है कि कितनी भी समर्थ सत्ता मनुष्य के सपनों एवं उसकी प्रतिरोध-चेतना का दमन नहीं कर सकती। इस कविता का सन्दर्भ तात्कालिक भी हो सकता है लेकिन यहाँ नागार्जुन ने तात्कालिकता को सत्ता और स्वाधीनता के सनातन द्वन्द्व में बदल दिया है। सर्जनात्मकता की यही वास्तविक भूमि है। कविता पत्रकारिता या दर्शन की भाषा में अपने समय सच को व्यक्त नहीं करती, बल्कि वह अभिव्यक्ति के ऐसे रूप का आविष्कार करती है जिसमें अर्थ की सम्भावना और स्वाधीनता का अवकाश हो। नागार्जुन की आन्दोलनधर्मी कविताओं में कहीं-कहीं काव्यात्मकता वीरान रेगिस्तान में प्रशान्त, गहरी, नीली झील की तरह दिखाई देती है—

बीच रोड पर
धूसर दाग लहू के देखे
बेदम बूढ़े हाथी की खुरदुरी पीठ पर
मसल गया हो कोई ज्यों सूखा-सूखा सिन्दूर
गोली लगी
गिरा धरती पर
यहीं महेन्दर
वासुदेव भी यहीं गिरा था—
हुए अनेकों घायल
बना कर्बला ट्रान्सपोर्ट का अड्डा।

पुलिस फायरिंग के बाद के इस दृश्य में समाहित दहशत, मारे गये युवकों के प्रति गहरी आत्मीयता और राज्य की हिंसा के प्रतिरोध को यह कविता अखबारी रपट से भिन्न बिम्ब, वर्णन और प्रभाव के काव्यात्मक मुहावरे में साकार करती है। 'बेदम बूढ़े हाथी की खुरदुरी पीठ पर' मसले गये सिन्दूर का यह बिम्ब कवि की सूक्ष्म पर्यवेक्षण क्षमता और सर्जनात्मक प्रतिभा का उदाहरण है।

प्रजातंत्र के पाखंडी ढाँचे पर जनकवि का स्वर बहुत तीखा है। आजादी के बाद सत्ता और समाज के आचरण ने उन शब्दों की पवित्रता और विश्वसनीयता को नष्ट कर दिया जिन्होंने स्वाधीनता-संघर्ष को एक नैतिक आलोक और मूल्य-चेतना से जोड़ा था। वे शब्द थे-स्वाभिमान, सत्य, अहिंसा और स्वाधीनता। आजाद भारत में इन शब्दों के अर्थ बदल गये। आक्रोश और विडम्बना की समन्वित चेतना कविता में इस तरह व्यक्त हुई—

स्वाभिमान सम्मान कहाँ है
होली है इंसान की
बदला सत्य
अहिंसा बदली
लाठी गोली डंडे हैं
कानूनों की सड़ी लाश पर
प्रजातन्त्र के झंडे हैं।

जो प्रजातंत्र न्याय, समानता और सम्यक विकास को राष्ट्रीय जीवन में स्थापित नहीं करता, वह सत्ता के लुटेरे चरित्र और उसकी मनुष्य-विरोधी दुरभिसंधियों का संरक्षक है। हमने प्रजातन्त्र को लुटेरों, अपराधियों और भ्रष्टाचारियों के झंडे में बदल दिया है।

इस हिंसक राज्य और समाज-सत्ता के प्रतिकार का अन्तिम हथियार क्या प्रतिहिंसा ही है? नागार्जुन ने लिखा—

प्रतिहिंसा ही स्थायी भाव है मेरे कवि का
जन-जन में जो ऊर्जा भर दे, मैं उद्गाता हूँ उस रवि का।

जन-जन में ऊर्जा भरने वाली इस प्रतिहिंसा को मूल्य मानकर उन्होंने एक लम्बी कविता लिखी—'हरिजन-गाथा'। कॉनवेंटी क्रान्तिकारिता से सामाजिक परिवर्तन का चमत्कार दिखाने वाली इस कविता की अन्तर्योजना में द्विवेदी युगीन कवियों के सरलीकरण की प्रवृत्ति है। सामाजिक-राजनीतिक जटिलताओं को बेधने की रचनात्मक अन्तर्दृष्टि से रहित यह कविता बालकोचित प्रतिशोध का रवैया अपनाती है। वाराह अवतार के मिथक और दलित वर्ग में उभरती हिंसा के सहारे व्यवस्था-परिवर्तन की वकालत करने वाली इस कविता का मूल चरित्र गैर-राजनीतिक, भाववादी और झपटमार लोकप्रियता को हासिल करने वाला है। 1977 में बिहार के बेलछी नर-संहार को ही आधार बनाकर लिखे गये मन्नू भंडारी के उपन्यास 'महाभोज' से 'हरिजन-गाथा' की तुलना करने पर इस कविता की रचनात्मक दयनीयता अधिक साफ दिखाई देती है। एक कवि जब गरीबदास बनकर कविता में हिंसक सामाजिक क्रान्ति के लिए अधीर और विकल होता है तो उसके दुष्परिणाम 'हरिजन गाथा' जैसी कविता में सामने आते हैं।

वस्तुतः नागार्जुन की काव्यानुभूति का मूल भाव हिंसा नहीं है। वह तात्कालिक प्रतिक्रिया में स्फुलिंग की तरह छिटकती नजर आती है। उनकी श्रेष्ठ राजनीतिक कविताएँ हिंसा का समर्थन नहीं करतीं और कविता के मूल स्वभाव का सम्मान करती हैं। नागार्जुन आजादी के बाद के भारतीय जीवन में घिरते हुए अन्धकार से जूझने

वाले कवि हैं। परिवेशगत अन्धकार की इस पृष्ठभूमि में कविता के फलक पर एक सपना उभरता है—'चन्दू मैंने सपना देखा।' इस सपने में कहीं भी गोली-बारूद नहीं है, नारेबाजी नहीं है। इस सपने के केन्द्र में चन्दू के द्वारा लाया गया नया कैलेंडर है। यह कैलेंडर भारत के साथ समूची तीसरी दुनिया की मानवीय आकांक्षाओं और सभ्यता का व्यंजक है। इस कैलेंडर में मौजूद है—अन्याय, गरीबी और शोषण से मुक्त दुनिया की तस्वीर। कविता इसी तरह परिवर्तन और न्याय की चेतना के लिए पाठक के मन को, समाज को संस्कारित करती है। ऐसी कविताओं के कारण ही नागार्जुन याद किये जाएँगे।

2

बादल को 'विप्लव का वीर' कहने पर निराला को कालिदास के बाद प्रकृति के सबसे बड़े कवि का प्रमाण-पत्र जारी करने वाले न्यायाधीश आलोचकों ने नागार्जुन की कविता में भुट्टा और कटहल को देखकर अपनी प्रसन्नता जाहिर की है और उन्हें निराला के बाद हिन्दी का सबसे महत्त्वपूर्ण कवि घोषित कर दिया है। अगर पेड़-पौधे, फसलों और मौसम का जिक्र ही श्रेष्ठ प्राकृतिक कविता का प्रतिमान है तो दूरदर्शन पर प्रसारित होने वाले 'कृषि-दर्शन' को सार्थक और सर्जनात्मक काव्य का सबसे बड़ा उदाहरण मान लेने का प्रस्ताव भी आना चाहिए। वस्तुतः अपने 'प्रिय' कवि को कालिदास, तुलसीदास और निराला के बाद सबसे बड़ा कवि सिद्ध करने के मोह में उसके हर लिखे को विशिष्ट और कालजयी मान लेने और मनवा लेने की आकांक्षा आलोचना को आरती में बदल देती है। इस आरती उतारू आलोचना का दुष्परिणाम यह हुआ कि पाठकों, विशेष रूप से विश्वविद्यालयों में 'कवि' पर बात होती है, उसकी कविताओं पर नहीं। हम कवियों को उनकी कविताओं से नहीं बल्कि आलोचकों के फैसलों से जानते हैं। आलोचना के इस आतंकराज ने हिन्दी भाषी समाज में साहित्य की जो दुर्दशा की है, वह हमारे सामने है। इसलिए जरूरी है कि हम रचनाकार को आरोपित देवत्व और अमरत्व से मुक्त करें और उसकी रचनाओं से गुजरने की यात्रा-संस्कृति की पहल करें।

नागार्जुन का जीवन यायावरी में बीता। भारतीय उपमहाद्वीप की विस्मयकारी भौगोलिक विविधता को उन्होंने एटलस में नहीं बल्कि अपनी यात्राओं और प्रवासों से जाना। यात्राएँ मनुष्य और प्रकृति के टूटते हुए सम्बन्ध को नवजीवन देती हैं। सुन्दरता एवं कल्पनाशीलता सभ्यता के द्वारा क्षतिग्रस्त कर दी गयी सहजता का वे मनुष्य के जीवन में पुनर्वास करती हैं। नागार्जुन की प्रकृति सम्बन्धी श्रेष्ठ कविताएँ मनुष्य और प्रकृति के पवित्र सम्बन्धों की स्मृतियों को जगाती हैं, विस्मय और

तन्मयता के भाव की रक्षा करती हैं। नागार्जुन की एक कविता है—'पछाड़ दिया मेरे आस्तिक ने'। यह कविता मार्क्सवादी आलोचना के सिंहासन पर विराजने वाले आलोचकों को कील की तरह चुभती और परेशान करती है। इसलिए इसे तरह-तरह से 'मैनेज' करने की कोशिश की गयी है। लेकिन नागार्जुन इस कविता में भ्रम् की गुंजाइश नहीं छोड़ते। 'परमान' नदी के किनारे अगहनी धान की ओस भीगी दूधिया मंजरियों से गुजरते हुए प्रभाती आलोक में प्रकृति की पावनता से अभिभूत कवि में एक तरफ अपने जनपदीय जीवन के स्पर्श से वंचित हो जाने की हूक उठती है तो दूसरी ओर दुधारू भैंसों के खुर के निशान वाले नदी के पंकिल कछारों में उतर जाने का बिम्ब, शीशम के झुरमुट से उड़ते हुए नीलकंठों का झुंड और अपनी धरती की आत्मीय छुअन—कवि को अनुभूति की अव्याख्येय तन्मयता से भर देते हैं। आरोपित या अर्जित नास्तिकता झर जाती है। ऋषियों की अभिभूत कर देने वाली वाणी नागार्जुन के गद्‌गद कंठ से फूट पड़ती है—

"ओं नमो भगवते भुवन-भास्कराय
"ओं... नमो ज्योतिरीश्वराय
"ओं नमो सूर्याय सवित्रे..."

सिद्धान्तों पर वज्रासन मुद्रा में बैठे क्रान्तिकारी ज्ञानियों की नास्तिकता की लौ कभी नहीं काँपती, क्योंकि वे जीवन नहीं, सिद्धान्त जीते हैं। वे कभी आत्मसंशय का शिकार नहीं होते। नागार्जुन ने इस 'डेविएशन' को सैद्धान्तिक जड़ता से अधिक सर्जनात्मक और जीवनधर्मी माना है।

नागार्जुन की कविताओं को प्रकृति की अपार विविधता से भरे हुए एलबम की तरह देखा जा सकता है। बर्फ से ढकी हुई धवल पर्वतीय प्रकृति, खिड़की से बहुत दूर तक दिखती हुई सूनी सड़कें, सीढ़ीनुमा खेतों में 'धान के मृदु-हरित नवांकुरों' पर सुबह की उतरती हुई कच्ची धूप, जेठ के बाद 'सघन काली घन-घटा' से आच्छन्न आकाश, झरते हुए मेघों से धुलता हुआ धरती का हृदय, गीली भादों की अमावस रात में जंगल के विस्तार पर रोशनी के अक्षत छींटते जुगनू, पीपल के पत्तों पर फिसलती चाँदनी, कोहरे में डूबी हुई सुबह, वसंत के मौसम में कोयल की कूक, हवा में नील के फूलों की खुशबू, समन्दर का विस्तार, कश्मीर की धरती पर उदास बच्चा, चिनार और उलटा लटक कर नासपाती कुतरता हुआ 'डियर तोताराम'—सूची बहुत अधिक लम्बी हो सकती है। इस झलक के आधार पर यह कहा जा सकता है कि नागार्जुन की कविता हमारी भाषा की अविस्मरणीय सम्पदा है। नगरीकरण और उपभोक्तावादी संस्कृति के जहरीले नशे से विक्षिप्त होती जा रही दुनिया में प्रकृति के साथ मनुष्य के रागात्मक सम्बन्ध को बहाल करने में

ऐसी कविताओं की बड़ी भूमिका हो सकती है।

नागार्जुन की एक अल्पचर्चित कविता है—'इत्ते अर्से बाद।' कविता चन्द्रभागा नदी पर है। वर्तमान के पटल पर नदी का दृश्य उभरता है—

मटियाले झाग उछालती...
बेसब्री में खाती हुई पछाड़ पर पछाड़।

कवि के अनुसार यह नदी हमेशा से ऐसी नहीं थी। कविता में वर्षों पहले देखी इस नदी की याद जगती है—

'तब तू स्फटिक-सी स्वच्छ थी
पारदर्शी, प्रवहमान, तरल...
नील-निर्मल जल के अन्दर
तब 'आकंठ मग्न' होकर मैं देर तक
गुनगुनाता रहा था—'

मेघदूत के पद, विद्यापति के पद और चंडीदास के पद। स्मृति और वर्तमान के अन्तराल में जो घटित हुआ है वह किस कदर प्रकृति की सुन्दरता, पवित्रता और मनुष्य के साथ उसके रूहानी रिश्तों का हत्यारा है—इसकी मार्मिक व्यंजना इस कविता में है। विक्षिप्त, अशान्त और अपवित्र चन्द्रभागा आधुनिक सभ्यता के चरित्र का आईना है। यह कविता प्रकृति पर लिखी हुई हिन्दी की बेहतरीन और संवेदनागर्भित कविताओं में शुमार करने योग्य है।

'बादल को घिरते देखा है'—नागार्जुन की सर्वाधिक चर्चित कविताओं में से एक है। हिमालय और बादल पर लिखी गयी सैकड़ों कविताओं में से यदि इस कविता ने क्लासिक का दर्जा हासिल किया है तो उसके कारणों पर विचार होना चाहिए। इस कविता की पंक्तियाँ हैं—

जाने दो, वह कवि कल्पित था।
मैंने तो भीषण जाड़ों में
नभचुंबी कैलाश शीर्ष पर
महामेघ को झंझानिल से
गरज़-गरज भिड़ते देखा है
बादल को घिरते देखा है

नाद और गति का यह अप्रतिहत वेग प्रसाद और निराला की याद दिलाता है। इस कविता को पढ़ते हुए हम एक विलक्षण सर्जनात्मक विस्फोट की लय से घिर जाते हैं। दृश्य और ध्वनि की विराटता को एक आवेशित लय में गूँथकर कवि हमें हतप्रभ कर देता है। प्रकृति की विराट और आदिम गतियों को मानवीय

अनुभूति से संचरित करने की सर्जनात्मक क्षमता ही इस कविता को विशिष्ट बनाती है। 'देखना' इस कविता का बीज शब्द है। इस देखने में धनपति कुबेर और उसकी अलका को, कालिदास के 'व्योम प्रवाही गंगाजल' एवं मेघदूत को देखने की उत्कंठा भी है। अनुपस्थित को देखने की दुर्निवार आकांक्षा भी दृश्य की अनुभूति बन गयी है। सनातन और क्षण तथा मिथक एवं वर्तमान का यह सर्जनात्मक अद्वैत 'देखने' को एक उच्चतर दार्शनिक आयाम देता है। इस तरह देखना जीवन के प्रति, जीवन को सम्भव बनाने वाली प्रकृति के प्रति गहरे स्वीकार-भाव से आता है। जीवन के स्वीकार का अर्थ है—उसकी पवित्रता और सम्भावनाओं में आस्था। एक श्रेष्ठ कविता की तरह 'बादल को घिरते देखा है' भी हमें सौन्दर्य और स्मृति की विलुप्त सभ्यता की ओर ले जाती है। वह हमें देखना और सोचना सिखाती है। हिमालय की विस्मयकारी धवल उत्तुंगता पर घिरते बादलों के दृश्य से अभिभूत कवि जमीनी ज़िन्दगी की सच्चाइयों से जुड़ा रहता है। स्वर्ण कमलों वाले मानसरोवर में तैरते हुए हंसों को देखने के समानान्तर मैदानी इलाकों की बरसाती उमस की याद भी खड़ी रहती है। एक तरफ 'बालारुण की मृदु किरणों' से आलोकित 'स्वर्णाभ शिखर' और दूसरी ओर 'निशाकाल से चिर-अभिशापित' चकवा-चकवी का 'शैवालों की हरी दरी पर' छिड़े हुए प्रणय-कलह का दृश्य—इसे देखने में हिमालय का बाहरी परिदृश्य ही नहीं, निर्झर-निर्झरणियों के संगीत से गुंजित देवदारु कानन में भोज पत्रों से बनी वह कुटी भी है जिसके भीतर हिन्दी कविता के हजार वर्षों के इतिहास में पहली बार नागार्जुन प्रवेश करते हैं। सौन्दर्य, संगीत और ऐन्द्रिकता का चरम साक्षात्कार भाषा में मंत्र की लय पैदा कर देता है। भाव का आवेग और भाषा का ऐसा सघन औदात्य निराला की 'राम की शक्ति पूजा' के बाद नागार्जुन की इसी कविता में सम्भव हुआ है। कैसा है किन्नरियों का रूप?

फूलों से कुंतल को साजे
इन्द्रनील की माला डाले
शंख-सरीखे सुघड़ गलों में
कानों में कुवलय लटकाये
शतदल लाल कमल वेणी में...

स्त्री का सौन्दर्य उत्सव है और संगीत भी है। यह सौन्दर्य न हो तो हिमालय फीका है और निर्झरों का प्रवाह लावारिस। यह कविता न होती तो हम नहीं जान पाते कि बाजार द्वारा गढ़ी गयी स्त्री का सौन्दर्य महज एक तिलिस्म है। वह अनुभूति और ऐन्द्रिकता के अतल तक पहुँचने से पहले ही वासनात्मक उत्तेजना

में पिघल जाता है। बाजार और वैराग्य को खारिज करने वाली यह कविता जीवन में राग और सौन्दर्य को प्रतिष्ठित करती है और देखने के अर्थ का अपूर्व विस्तार भी।

3

नागार्जुन प्रायः वाचाल कवि हैं। क्या इस वाचालता के अन्तःसूत्र उनकी कविताओं में हैं? कविता में वाचालता कवि का शैलीगत व्यवहार नहीं है, बल्कि वह उसकी काव्य दृष्टि का नतीजा है। 'बहुजन समाज की अनुपल प्रगति के निमित्त' घोषित प्रतिबद्धता वाले कवि नागार्जुन के लिए यह स्वाभाविक ही है कि वे वाचालता को कविता का रचनात्मक मूल्य और उसकी सार्थकता का प्रतिमान मानें। यह काव्य-दृष्टि सृजन से अधिक विषय-कथन को महत्त्व देती है और पाठक की सहृदयता और विवेक पर दूर तक भरोसा नहीं करती। समय के सभी रूपों और गतियों को इकहरे वर्तमान के बाड़े में घेर लेने की अधीरता भी कवि को वाचाल बनाती है। सौभाग्य से नागार्जुन की कविताओं का बड़ा हिस्सा वाचालता से बाहर है। नागार्जुन की श्रेष्ठ कविताएँ विक्षोभ, करुणा और गहरी सम्पृक्ति से बनी हैं। आलोचना और आन्दोलन की फरमाइश पर लिखी गयीं फार्मूलाबद्ध वाचाल कविताओं के बरक्स सृजनात्मक कविताओं का स्वर धीमा है। इनमें घटना को प्रस्तुत कर देने के स्थान पर अपने अनुभव को रचने का कलात्मक संयम है। इस दृष्टि से 'अकाल और उसके बाद' नागार्जुन की प्रतिनिधि कविता है। आठ पंक्तियों की इस कविता की आरम्भिक चार पंक्तियों में कुछ दृश्य हैं—ठंडा चूल्हा, मौन चक्की। चूल्हे के पास सोई कानी कुतिया। दीवार पर थकी-हारी छिपकलियाँ और शिकस्ते हाल चूहे। यह घर के भीतर का दृश्य है। इस दृश्य में कहीं भी मनुष्य नहीं है। मनुष्य की अनुपस्थिति घर के भीतर ही नहीं, बाहर तक फैली है। सूखी धरती, मुरझाये पेड़, खेतों में भूख और प्यास से मरे जानवरों और इंसानों के कंकाल। ये कविता के दृश्य से बाहर के दृश्य हैं। अन्तिम चार पंक्तियों में आँगन के ऊपर उठता हुआ धुआँ है। यह घर में दाने आने का लक्षण है। पहले दृश्य में घर नहीं है, क्योंकि मनुष्य अनुपस्थित है। मनुष्य के होने से घर होता है। घर में जीवन होता है। दाने आने के बाद 'घर भर' की आँखों में चमक है। इस घर में कानी कुतिया, छिपकलियों और चूहों को भी नागरिकता प्राप्त है। छप्पर पर अपने पंख खुजलाते कौए भी इस घर में शामिल हैं। कविता के इस भाग में भी मनुष्य को दिखाया नहीं गया है। लेकिन उसकी उपस्थिति को आँगन के ऊपर उठते धुएँ, घर भर की आँखों की चमक और पंख खुजलाते कौओं से व्यंजित किया गया है। अन्न है तो घर है, घर है तो मनुष्य और मनुष्येतर प्राणियों की बिरादरी है। मनुष्य और मनुष्येतर प्राणियों का सहअस्तित्व जीवन का आधार है। कविता में

नागार्जुन सभी प्रकार के अमूर्त्तनों को खारिज करते हुए मानवीय जिजीविषा और जीवन के भौतिक आधार 'दाने' के महत्त्व को स्थापित करते हैं। दुख और उल्लास की जड़ें जीवन में हैं जिसे हम जीते हैं—किसी पारलौकिक सत्ता में नहीं। इस विचार को यह कविता सधे हुए रचनात्मक संयम से सम्प्रेषित करती है—पाठकीय योग्यता पर पूरा भरोसा रखते हुए।

जीवन को कवि प्रचारक, पत्रकार, व्यापारी और राजनेता की तरह नहीं देखता, हालाँकि वह दृश्यों, घटनाओं और परिस्थितियों के स्रोत से ही रचना-सामग्री प्राप्त करता है। एक रचनाकार जीवन से प्राप्त इस कच्ची सामग्री को भाषा और रूप के जादू से मानवीय अनुभूति के स्थायी परिसर में स्थापित करता है। यह जादू ही रचना की असली शक्ति है और उसकी विशिष्ट पहचान भी। 'फसल' कविता नागार्जुन की रचनात्मकता के जादू का प्रतिनिधि उदाहरण है—

फसल क्या है?
और तो कुछ नहीं है वह
नदियों के पानी का जादू है वह
हाथों के स्पर्श की महिमा है
भूरी-काली-संदली मिट्टी का गुणधर्म है
रूपान्तर है सूरज की किरणों का
सिमटा हुआ संकोच है हवा की थिरकन का!

यह विडम्बना ही है कि मार्क्सवादी कवि और आलोचक उन्हें आन्दोलनों में भाग लेने वाले कार्यकर्ता के रूप में अवमूल्यित करने पर उतारू हैं। प्रमाण के लिए कवि राजेश जोशी की इस प्रशंसा पर गौर किया जाये—'नागार्जुन हिन्दी के उन विरल रचनाकारों में हैं जिन्होंने स्वामी सहजानन्द के किसान-आन्दोलन से लेकर आज तक के लगातार जन-आन्दोलनों में सक्रिय हिस्सेदारी की है। जेल गये हैं और यह सब किसी राजनीतिक महत्त्वाकांक्षा के लिए नहीं, रचनाकार के दायित्व के तहत।' (एक कवि की नोटबुक : राजेश जोशी) आन्दोलनों में शिरकत और जेल-यात्रा साहित्यकार होने की यह नयी आचार-संहिता एक कवि के द्वारा जारी की गयी है! हिन्दी कविता के इतिहास में नागार्जुन आन्दोलनों में भाग लेने और जेल-यात्राओं के कारण नहीं, अपनी श्रेष्ठ कविताओं के कारण जाने जाएँगे। वे कविता को समृद्ध, कल्पनाशील और गहरे मानवीय सरोकारों से जोड़ने वाले महान कवियों की परम्परा की मूल्यवान कड़ी हैं।

मैं समय की एक लम्बी आह : शमशेर

1

उसने मुझसे पूछा, तुम्हारी कविताओं का क्या मतलब है?
मैंने कहा—कुछ नहीं।
उसने पूछा-फिर तुम इन्हें क्यों लिखते हो?
मैंने कहा—ये लिख जाती हैं।

मार्क्सवाद को आधुनिक भारत की गीता और कुरान मानने वाले शमशेर की उपरोक्त पंक्तियाँ असमंजस में डालने वाली हैं। हिन्दी की मार्क्सवादी आलोचना में शमशेर घोषित रूप से प्रगतिवादी कवि हैं। 'वाम वाम वाम दिशा', य'शाम है, वर्ली किसान, फिर वह हिलोर उठी, दुख नहीं मिला, अकाल, अमन का राग और लेनिनग्राद जैसी दर्जनों कविताएँ शमशेर के प्रगतिवादी कवि होने के दावे को पुष्ट करती हैं। यही नहीं, शमशेर भारतीय कम्युनिस्ट पार्टी के सदस्य भी रहे और उन्होंने अनेक दिवंगत कॉमरेडों पर कविताएँ भी लिखीं। लेकिन शमशेर की काव्यानुभूति मार्क्सवादी सौन्दर्यशास्त्र के मेल में नहीं है। कविता की रचना-प्रक्रिया से लेकर उसकी सार्थकता तक के विभिन्न पहलुओं पर शमशेर के विचार मार्क्सवादी स्थापनाओं की परिधि से बाहर हैं। तब यह सवाल स्वाभाविक रूप से उठता है कि मार्क्सवाद से शमशेर के रिश्ते की प्रकृति क्या है? मलयज से की गयी एक बातचीत में शमशेर ने कहा था—"मार्क्सवाद मेरी ज़रूरत थी, सच्ची ज़रूरत, उसने मुझे मार्बिड और रुग्ण मनःस्थिति से, जिसमें कि मुझे डर था कि पड़ा रहकर मैं बिलकुल ही डूब जाऊँगा सपाट हो जाऊँगा, मुझे उबारा। मार्क्सवाद का जनवादी रूप, उसकी जनवादी आकांक्षा हमेशा मुझे आकर्षित करती रही—बुनियादी तौर पर मुझे हर वह चीज आकर्षित करती है जो मुझसे, मेरी प्रकृति से भिन्न हो।" मार्बिड एहसासों के अन्धे कुएँ से निकालने का श्रेय मार्क्सवाद को देने के साथ शमशेर ने यह भी स्पष्ट कर दिया है कि यह उनकी प्रकृति से भिन्न है। शमशेर अपने को उन अर्थों में मार्क्सवादी नहीं मानते जिन अर्थों में मार्क्सवादी कभी रहा भी नहीं जिस अर्थ में मेरे प्रगतिशील दोस्त रहे हैं। ज़ाहिर है, शमशेर की कविताओं के विवेचन-विश्लेषण में मार्क्सवादी

आलोचना के औजार दूर तक कारगर नहीं हो सकते। शमशेर की रचनाओं को समझने में एक बड़ी बाधा यह भी खड़ी हो गयी है कि उनकी और उनकी कविताओं की एक ऐसी छवि बनाने की कोशिश की गयी है जिसमें एक ख़ास तरह की आध्यात्मिक पवित्रता का वर्चस्व है। इस छवि-निर्माण का आधार उनकी कविता नहीं, बल्कि विचारधारात्मक और व्यक्तिगत मित्रता है। उदाहरण के तौर पर मुक्तिबोध को लिया जा सकता है जिन्हें शमशेर की कविता 'आत्मा की अभिव्यक्ति का एक प्रभावशाली भवन' की तरह दिखती थी। इस भवन की 'गम्भीर, प्रयत्नसाध्य पवित्रता के कारण' मुक्तिबोध को उसमें जाने से डर लगता था। यह डर नामवर सिंह तक में कायम है–"इस पवित्रता का एहसास मुझे भी है और डर भी कम नहीं।" शमशेर और उनकी कविता को अलौकिक-अपौरुषेय और पवित्र बनाने की यह सुनियोजित मुहिम चाहे जितनी ग़ैर-साहित्यिक हो, लेकिन उसका प्रभाव और दबाव हिन्दी आलोचना पर है। उनकी कविता की दुरूहता को खोलने के बजाय उसे एक पवित्र गुण मान लिया गया है। शमशेर पर प्रभूत मात्रा में जो लिखा गया है उसके अधिकांश में अगरु गन्ध की ही प्रधानता है। डॉ. रामविलास शर्मा, साही और मलयज के लेखों में शमशेर की कविता को मानवीय अनुभूतियों की लौकिक भूमि पर उतारने की कोशिश दिखाई देती है। आलोचना का नैतिक दायित्व भी यही है। एक कवि को याद करने और आदर देने का अर्थ उसकी रचनाओं के साथ खुला संवाद, उनमें निहित अर्थ छवियों का उद्‌घाटन और उसकी विशिष्टता की पहचान करना है, कवि की अन्धपूजा नहीं।

2

शमशेर कवि-कर्म के प्रति सचेत रचनाकार हैं। वे आवेग के नहीं, संयम और सुनियोजन के कवि हैं। उनकी कविता छायाबादी कवियों की आनुभूतिक तरलता और उत्तर छायावादियों की सहजता से सायास रूप से भिन्न है। उनमें हिन्दी कविता की परम्परा से दूरी बनाकर अपनी विशिष्ट पहचान अर्जित करने की एक शान्त और सादी आकांक्षा दिखती है। यद्यपि 'निराला के प्रति' अपनी एक कविता में शमशेर ने उन्हें 'सघन तम की आँख' माना और भटकाव में सही राह दिखाने वाले पथ-प्रदर्शक महाकवि के रूप में याद किया, लेकिन उनकी काव्य-प्रकृति निराला से तत्त्वतः अलग है। शमशेर अपने समय और परिवेश को लेकर जितने सजग हैं उससे कहीं अधिक अपनी निजता के प्रति संवेदनशील हैं। एक सीमा तक कविता की सामाजिक भूमिका स्वीकार करते हुए भी वे कविता को मूलतः रूप मानने के आग्रही हैं–"कविता की एक विधि वह है जिसमें कविता का काम ही कवि को कविता के

भीतर खींच लेता है।" दो-टूकपन का अभाव शमशेर की काव्यानुभूति को जटिल बना देता है जिसे साही ने 'दुरूहता' कहा था। इस दुरूहता के कारणों पर विचार करने की ज़रूरत है। शमशेर चित्रकला से कविता की ओर आये। मुक्तिबोध का मानना था कि—शमशेर की चित्रकला के शौक को कविता में काफी पूरा किया...मैंने चीज़ों को अक्सर पेंटिंग की शक्ल में ग्रहण किया है...मेरी कविताओं में जो इम्प्रेशनिज़्म की बात कही गयी है वह यही है—मैंने मन पर पड़ने वाले प्रथम प्रभाव को ज्यों-का-त्यों प्रयत्नपूर्वक शब्दों में ट्रांसफर करने की कोशिश की है।...पर असल में कविता और चित्रकला—दोनों ही बड़ी ईर्ष्यालु कलाएँ हैं, एक-दूसरे से भिन्न स्वभाव वाली। एक दृश्य-कला है, दूसरी शब्द-कला। उनका एक साथ निर्वाह मुश्किल ही है जब तक कि कोई बहुत बड़ी प्रतिभा न हो। वस्तुतः शमशेर अनुभूति को बिम्ब के माध्यम से ग्रहण करते हैं। बिम्ब को अनुभूति की भाषा में रूपान्तरित करने में बहुत कुछ अनकहा छूट जाता है या जो कहा जाता है वह अनुभूति की अभिव्यक्ति के परिचित पैटर्न पर नहीं होता। बिम्बानुभूति को काव्यानुभूति में ढालने की प्रक्रिया में जो व्यवधान है, वही शमशेर की कविताओं की दुरूहता का महत्त्वपूर्ण कारण है। शमशेर की चित्रकला अमूर्त्तनवादी है। उनकी चित्रकला की यह अमूर्त्तन-शैली उनकी कविताओं में संक्रमित हुई। शमशेर की कविताओं में जो अस्पष्टता, क्रम-भंग और सांकेतिकता दिखाई देती है—वह उनकी चित्रकला के प्रभाव का कारण है। उनकी कविताएँ अपने विन्यास में चित्रात्मक हैं, लेकिन यह चित्रात्मकता दृश्य को उद्घाटित करने के स्थान पर उसे अधिक धुँधला, जटिल और रहस्यमय बना देती है। उदाहरण के तौर पर शमशेर की चर्चित कविता 'शिला का खून पीती थी' का जिक्र मुनासिब होगा—

शिला का खून पीती थी
वह जड़
जो कि पत्थर थी स्वयं
सीढ़ियाँ थीं बादलों की झूलतीं,
टहनियों-सी
और वह पक्का चबूतरा
ढाल में चिकना;
सुतल था
आत्मा के कल्पतरु का?

यह पर्वतीय प्रदेश में एक वृक्ष का चित्र है। इस वृक्ष को शमशेर ने 'आत्मा का कल्पतरु' नाम दिया है। नगर-जीवन के कोलाहल से दूर, प्रकृति की नैसर्गिक

निर्जनता में स्थित इस वृक्ष को देखकर स्वर्ग के कल्पतरु की मिथकीय कौंध स्वाभाविक है। कवि के अनुसार यह आत्मा का कल्पतरु है—सभ्यता के कलुष से मुक्त करने वाला...पवित्र...मन को रूहानी एहसासों से भर देने वाला।

बाकी कविता में चित्र का विस्तार और बारीकियाँ हैं परिवेश की सघनता के बीच। वृक्ष पत्थर की तरह कठोर जिसकी जड़ें शिलाखंडों में धँसी हुई हैं और उन्हीं से जीवन का रस खींच रही हैं। द्रष्टा और वृक्ष के बीच कोहरे में डूबी हुई सीढ़ियाँ हैं जो अस्पष्टता के कारण कभी बादलों से बनी प्रतीत होती हैं तो कभी वृक्ष के चारों तरफ एक चिकना और सुतल (यहाँ 'सु' उपसर्ग 'तल' की सुघराई और सुन्दरता को व्यंजित करता है) चबूतरा है। यह एक ऊँचे टीले पर स्थित, चबूतरे से घिरे एक विशाल वृक्ष का चित्र है जिसे 'आत्मा का कल्पतरु' कहकर शमशेर ने उलझा दिया है। यह उझाव शमशेर की अनेक कविताओं में है।

3

शमशेर की क़ाव्यानुभूति की चर्चा करते हुए साही ने यह स्थापना दी थी कि—"तात्विक रूप से शमशेर की काव्यानुभूति सौन्दर्य की ही अनुभूति है।...मैं एक कदम आगे बढ़कर कहना चाहूँगा कि आज तक हिन्दी में विशुद्ध सौन्दर्य का कोई कवि हुआ है तो वह शमशेर हैं।" सौन्दर्य की चर्चा तो छायावाद में खूब हुई थी। पन्त का तो यहाँ तक कहना था कि हिन्दी कविता के इतिहास में छायावाद का मौलिक प्रदेश सौन्दर्य-बोध ही है। 'सत्यं शिवं सुन्दरं' की त्रयी में छायावादी कवियों ने सौन्दर्य पर ही अधिक बल दिया। स्मृति की मधुमयता, प्रकृति की नैसर्गिकता और कल्पना का औदात्य उनकी सौन्दर्यानुभूति को एक हद तक स्वप्निल बना देते हैं। हिन्दी कविता में छायावाद के बाद प्रत्यक्षता और ऐन्द्रियता का दबाव बढ़ा और उसका प्रभाव कवियों की सौन्दर्यानुभूति पर भी पड़ा। शमशेर की सौन्दर्यानुभूति में प्रकृति के दृश्यों की भरपूर उपस्थिति है। वह सौन्दर्यानुभूति दृश्य से नहीं बल्कि देखने की सांगीतिक लय से बनती है। यहाँ देखना दृश्य के वर्तमान का साक्षी होना भर नहीं है, बल्कि दृश्य में निहित सनातनता में शामिल होना भी है। ऐसी सौन्दर्यानुभूति कविता में ढलकर एक गहरा प्रभाव पैदा करती है—'फाल्गुन शुक्ला सप्तमी की शाम' देखने योग्य है—

रेती पार
स्निग्ध अवल धारा में धीरे-धीरे
डूब रहा था
सूर्य

पीछे छूट रही थीं
गाती हुई टिटिहरियाँ
और सघन करती-सी
रुकी हवा का धुँधला नीला मौन।

गति से आक्रान्त और आहत हमारे समय में दृश्य की यह मन्थर तन्मयता केवल सुकून ही नहीं देती बल्कि जीवन की एक बहुमूल्य अनुभूति के खो जाने का एहसास भी कराती है। छायावादोत्तर कवियों में देह-सौन्दर्य की सर्वाधिक छवियाँ शमशेर में हैं। स्त्री की देह के प्रति ऐसा दुर्निवार आकर्षण हिन्दी कवियों में विरल है। स्त्री-देह के सौन्दर्य-चित्रण में शमशेर मर्यादा या गोपन के कायल नहीं हैं। देह की मांसलता अपने अनावृत रूप में शमशेर के काव्य-लोक में दिखाई देती है। उनके इस सौन्दर्य-लोक में प्रेयसी की अधखुली अँगड़ाइयाँ हैं, उषा की भाप से निर्मित गुलाब की बिखरती पंखुड़ियों जैसी हँसी है, गीली मुलायम लटों में लिपटी हुई साँवली रात है, चाँदनी में नहाई हुई बदलियों जैसी पलकें हैं—नशीली नींद में डूबी हुई। शमशेर की सौन्दर्यानुभूति पर उर्दू कविता का भी गहरा प्रभाव है। 'प्रेयसी' कविता में शमशेर को अपनी प्रेमिका जल-प्रपात की तरह दिखाई देती है—

तुम्हारा सुडौल बदन एक आबशार है
जिसे मैं एक ही जगह खड़ा देखता हूँ
ऐसा चिकना और गतिमान
ऐसा मूर्त सुन्दर उज्ज्वल।

शमशेर की सौन्दर्यानुभूति में मूर्ति का स्थापत्य और स्मृति का संगीत है। वे हिन्दी कविता में सौन्दर्य के नये आयाम जोड़ने वाले कवि हैं।

4

मैं समय की एक लम्बी आह
मौन लम्बी आह...
लौट आ, ओ फूल की पंखड़ी
फिर
फूल में लग जा
चूमता है धूल का फूल
कोई हाय।

आह, पुकार, प्रतीक्षा और निरुपायता की रेखाएँ शमशेर की प्रेमानुभूति को आकार देती हैं। उनके प्रेम में घनानन्दीय व्याकुलता और अनसुनी पुकारों की करुणा

है। कोई चाहे तो कह सकता है कि सूफियों की तरह शमशेर का प्रेम कभी ख़त्म न होने वाले दर्द का सफर है—ज़िन्दगी के ख़त्म हो जाने के बाद भी बना और बचा रहने वाला दर्द। उनकी कविता की बस्ती में एक पुकार बार-बार सुनाई देती है—'आओ।' शमशेर की काव्य यात्रा के आरम्भ से अन्त तक यह 'आओ' शब्द मौजूद रहता है। जीवन के खालीपन और अर्थहीनता की सतह से उठता हुआ यह शब्द समय के साथ सघनतर होता गया है। यह कैसा जख़्म है जिसे वक़्त भरता नहीं, जो समय बीतने के साथ निरन्तर गहरा होता चला जाता है। फिर यह दर्द इतना बढ़ जाता है कि वह शमशेर के कलात्मक संयम को बिखेर कर एक ऐसी बेचैन आवाज़ में बदल देता है जिसमें चीख़ और प्रार्थना एकाकार हो जाते हैं। दर्द की ऐसी सघन अनुभूति शमशेर को आधुनिक कवियों में खास पहचान देती है। 1949 में शमशेर ने एक कविता लिखी 'आओ।' इस कविता के अंश उल्लेखनीय हैं—

ओ मेरी बहार!...
तुम आओ, ग़र आना है
मेरे दीदों की वीरानी बसाओ
शेर में ही तुमको समाना है अगर
ज़िन्दगी में आओ, मुजस्लिम...
बहरतौर चली आओ।...
तुम आओ, तो खुद घर मेरा आ जाएगा... ।

लेकिन 'बहार' नहीं आयी। प्रतीक्षा की सूनी राह किसी के कदमों की आहट से आबाद नहीं हुई। फिर 1954 में शमशेर ने 'टूटी हुई बिखरी हुई' शीर्षक से यह कविता लिखी जिसमें व्यथा की व्याकुल और सघन स्मृतियों का ज्वार दिखाई पड़ा। इस ज्वार से जूझते हुए शमशेर निर्वेद की उस मनोभूमि पर आये जहाँ केवल होनी और अनहोनी की उदास रंगीनियाँ थीं। अब न किसी की याद थी, न ही प्रतीक्षा। यह कविता में निर्वाण की भाव-दशा है जहाँ न रूमानियत की छाया है और न दार्शनिकता की रोशनी। दूर तक फैला हुआ समय है जिसमें उम्र को गुजरना है।

अज्ञेय ने प्रेम की अनुभूति को दर्शन की ऊँचाइयों तक पहुँचाया था। इस प्रक्रिया में उन्होंने प्रेम को परिभाषित भी किया कि प्रेम का मूल आधार अनुभूतियों का साझापन और एक-दूसरे की स्वाधीनता के प्रति आदर का भाव है। अज्ञेय में प्रेम के उदात्तीकरण की यह चेतना छायावादियों से आयी थी। शमशेर का प्रेम विशुद्ध रूप से ऐन्द्रिक है। उसमें प्रेयसी की देह की बेशुमार छवियाँ हैं। इस प्रेम में देह-सम्बन्धों की उत्कट स्मृतियाँ हैं। प्रेम की अनुभूति का कोई अतीत नहीं होता, इसलिए उसकी

स्मृतियाँ भी वर्तमान की धमनियों में धड़कती हैं। शमशेर प्रेम की स्मृति और अनुभूति को वर्तमान के आलोक में ही दर्ज़ करते हैं–

उसके सूखे-से घने बाल
हैं आज ढक रहे मेरा मन औ, पलकें
वह सुबह नहीं होने देगी जीवन में

शमशेर के प्रेम में निजता का घनत्व अपने समकालीनों में सबसे अधिक है। केदारनाथ अग्रवाल की तरह शमशेर का प्रेम गार्हस्थिक नहीं है। वे प्रेम की वैधता-अवैधता के कायल नहीं हैं। उनके प्रेम में पवित्रता-अपवित्रता का भी कोई झमेला नहीं है। यह प्रेम देह से रस प्राप्त करता है और सृजन में पुष्पित होता है। प्यास के पहाड़ों पर झरने की तरह तड़पने की आकांक्षा शमशेर की प्रेमानुभूति की खास पहचान है।

5

बात बोलेगी
हम नहीं
भेद खोलेगी
बात ही :

शमशेर की दृष्टि में कविता के आदर्श शिल्प का प्रतिमान यही है, लेकिन हैरानी की बात है कि उनकी कविताओं का शिल्प इस आदर्श के विपरीत ध्रुवान्त पर नज़र आता है। अज्ञेय ने सम्भवतः उनकी कविताओं के अबूझ शिल्प के कारण ही उन्हें 'कवियों का कवि' कहा होगा। शमशेर की प्रायः सभी प्रतिनिधि कविताएँ अव्याख्येय और अबूझ होने के कारण महत्त्वपूर्ण मान ली गयी हैं। उनकी कविताओं के शिल्प के सन्दर्भ में अतियथार्थवाद, इम्प्रेशनिज़्म आदि की चर्चा हुई है लेकिन उससे उनकी कविताओं को समझने में कोई मदद नहीं मिलती। आम तौर पर शिल्प अनुभूतियों को प्रकट करने का माध्यम होता है, लेकिन शमशेर उससे अनुभूतियों पर पर्दा डालने का काम लेते हैं। यह उलटबाँसी का नया संस्करण है। ऐसी स्थिति में किसी काव्य-मर्मज्ञ आलोचक की प्रतीक्षा करनी होगी जो विखण्डन के द्वारा शिल्प के तहखाने में कैद कविता के अर्थ को मुक्त करेगा!

शमशेर ने अपने को हिन्दी और उर्दू का दोआब कहा है। इसलिए उनकी भाषा में बोल-चाल की हिन्दी पर जोर है। काव्य-भाषा के प्रसंग में शमशेर का कहना है–"भाषा के सम्बन्ध में हरेक का अपना आदर्श होता है, मेरा भी एक है...मेरा आग्रह जन-बोलियों के संस्कार-ग्रहण पर है, उनके अनुकरण पर नहीं–ज्यों का त्यों

प्रयोग करने पर भाषा सपाट हो जाएगी। एक सच्चा कवि जन-भाषा की बुनियादी बनावट की रक्षा करते हुए उस सपाटता से बच सकता है।" जनभाषा को भावों एवं अनुभूतियों के अनुरूप सर्जनात्मक बनाने को शमशेर कवि-कर्म की मुख्य चुनौती मानते हैं उनके अनुसार शेक्सपियर की भाषा का मूल ढाँचा भी बोलचाल का ही है। बोलचाल की भाषा में ही उसने अपने भावों को गूँथा है। हिन्दी में तुलसीदास जन-भाषा को सर्जनात्मक आशयों के लिए प्रयुक्त करने वाले सबसे समर्थ कवि हैं। शमशेर की काव्यमात्रा प्रायः सरल सहज है, हालाँकि नयी कविता के कवियों की तुलना में उनमें उर्दू के शब्दों की ही बहुलता नहीं है बल्कि उसके काव्य-संस्कारों का भी असर है। हिन्दी कविता में आईनों की इतनी भरमार अन्य कविताओं में देखने को नहीं मिलती।

आईनो, रोशनाई में घुल जाओ और आसमान में
मुझे लिखो और मुझे पढ़ो।
आईनो, मुस्कराओ और मुझे मार डालो
आईनो, मैं तुम्हारी ज़िन्दगी हूँ

शमशेर की काव्य-शैली मितकथन की है। मितकथन का यह अनुशासन भी शमशेर में उर्दू से ही आया है। इतना ज़रूर है कि उर्दू ग़ज़लों की साफगोई की जगह शमशेर की कविताओं में एक कोहरा है जिसके कारण उनमें निहित भावों का चेहरा साफ-साफ दिखाई नहीं देता। उनकी काव्य-शैली एकालाप की है—यह ग़ौर करने लायक विसंगति है।

नामवर सिंह की इस स्थापना से सहमत होने के सिवाय और कोई रास्ता नहीं है कि—शमशेर हिन्दी के एकमात्र बिम्बवादी कवि हैं। इस स्थापना से शमशेर की कविता प्रकृति के अनेक आयामों को समझने में सहायता मिलती है। एक तो यही कि शमशेर वक्तव्य या कथन के कवि नहीं हैं। उनकी काव्यानुभूति की पहली कम्पन बिम्ब के माध्यम से ही ग्रहण करते हैं। शमशेर की समर्थ बिम्ब-प्रियता का प्रमाण "'य' शाम हैं' की निम्नांकित पंक्तियाँ हैं—

'य' शाम है
कि आसमान खेत है पके हुए अनाज का।
लपक उठीं लहू भरी दरातियाँ,
कि आग है
धुआँ-धुआँ
सुलग रहा
ग्वालियर के मजूर का हृदय

शमशेर की कुछ कविताएँ ऐसी भी हैं जिनमें किसी दृश्य का चित्रण है और उसकी ओर से जीवन की एक मार्मिक स्मृति का तरल अवसाद झाँकता है—

सूना-सूना पथ है, उदास झरना
एक धुँधली बादल रेखा पर टिका हुआ
आसमान
जहाँ वह काली युवती
हँसी थी।

शमशेर प्रयोगधर्मी कवि हैं। अज्ञेय ने कविता में प्रयोग की ज़रूरत पर बल दिया था। उनका तर्क था कि बदली हुई रागात्मक प्रणालियों के कारण कवि की काव्यानुभूति में जो परिवर्तन आया है, उसे अभिव्यक्ति की पुरानी सरणियों में बाँधना सम्भव नहीं रह गया है। इसलिए काव्य-सत्य के अन्वेषण और उसके सम्प्रेषण—दोनों धरातलों पर प्रयोग की ज़रूरत है। शमशेर की प्रयोगशीलता, छन्द, काव्य रूप और शब्द-चयन के स्तर पर तो है ही, लेकिन उसकी सबसे तेज चमक उपमान योजना में दिखाई देती है। उनकी उपमान-योजना में शब्द-क्रीड़ा के स्थान पर पर्यवेक्षण की बारीकी और अनुभूति की ताज़गी का उजास है। इस प्रसंग में उनकी चर्चित कविता 'उषा' की ये पंक्तियाँ बहुत मौजूं हैं—

प्रात नभ या बहुत नीला शंख जैसे
भोर का नभ
राख से लीपा हुआ चौका
(अभी गीला पड़ा है)...

शमशेर बीसवीं सदी की हिन्दी कविता के एक अविस्मरणीय रचनाकार हैं। वे सौन्दर्य और प्रेम की त्रासदी के बड़े कवि हैं। उनकी अधिकांश सार्थक और मार्मिक कविताएँ जीवन की आन्तरिकता से जुड़ी हैं, लेकिन वे अपने समय के गहरे मानवीय सरोकारों के प्रति सचेत और संवेदनशील कवि भी हैं। 'अमन का राग' जैसी कविता शमशेर की काव्यानुभूति का आकाश है, किन्तु वे मूलतः धरती के कवि हैं—मनुष्य के दर्द, अकेलेपन और गहरी सौन्दर्यानुभूति के कवि!

हम न रहेंगे तब भी तो यह खेत रहेंगे : केदारनाथ अग्रवाल

1

केदारनाथ अग्रवाल प्रगतिवाद के राजपत्रित कवि हैं। हिन्दी के मार्क्सवादी आलोचकों ने केदारनाथ अग्रवाल और नागार्जुन को ही प्रगतिशीलता का स्थायी और आधिकारिक कवि होने का प्रमाणपत्र दिया है। त्रिलोचन, शमशेर और मुक्तिबोध को लेकर सर्वानुमति नहीं है, हालाँकि मोटे तौर पर इन्हें प्रगतिवादी खेमे में ही रखा जाता है। केदारनाथ अग्रवाल ने अपनी कविताओं और काव्य-संग्रहों की भूमिकाओं में स्वयं को जनवादी/प्रगतिवादी/प्रगतिशील कवि होने की पुष्टि की है। प्रगतिवादी कवि होने की कुछ रूढ़ शर्तें (जिन्हें फार्मूला भी कहा जा सकता है) हैं, जिनमें मुख्य हैं–

1. मार्क्सवाद की वैज्ञानिक अपौरुषेयता में आस्था
2. लेनिन और माओ का प्रशस्ति-गान
3. सोवियत रूस और चीन को धरती का स्वर्ग मानने-देखने वाली दिव्य-दृष्टि
4. सोवियत रूस और चीन में हो चुकी क्रान्तियों एवं भारत में होने वाली क्रान्ति के स्वागत में मंगल-गान
5. पूँजीवाद-साम्राज्यवाद और अमेरिका की भर्त्सना
6. मज़दूरों-किसानों की ज़िन्दगी के यथार्थ का चित्रण और उनकी क्रान्तिकारी शक्ति में भरोसा
7. प्रेमचन्द और निराला की क्रान्तिकारी विरासत का विकास।

सूची बहुत लम्बी हो सकती है, लेकिन उक्त शर्तों में प्रगतिवाद का सार आ गया है। केदारनाथ अग्रवाल में इन शर्तों के निर्वाह की निष्ठावान कोशिश दिखाई देती है।

केदारनाथ अग्रवाल की काव्य-यात्रा का आरम्भ 1930 के आसपास हुआ। यह छायावाद के उत्कर्ष का दौर था और स्वाभाविक रूप से युवा केदार पर उसका प्रभाव पड़ा। नमूने के तौर पर, 1933 में लिखी 'उड़ चल प्राण' की कुछ पंक्तियाँ द्रष्टव्य हैं–

असित-सरसिज-सन्ध्या-पथ चूम
सदन में आया तेरे दूत
अरुण-कण पदप-नख अवशेष
रक्त-श्रम से मुख-कंज प्रसूत।
उड़ चल प्राण...

इस कविता की शब्द-योजना के तेज के आगे तो 'प्रियप्रवास' और 'राम की शक्ति पूजा' की भाषा बोल-चाल की भाषा लगने लगती है। उद्‌धृत कविता की विषय-वस्तु क्या है—इसकी पहचान तो समर्थ अनुमानवादी ही कर सकते हैं। आगे चलकर शब्द-विन्यास की तत्समता के बावजूद कोहरा थोड़ा कम हुआ और इसलिए कविता में अर्थ की धुँधली ही सही, परिचित परछाइयाँ दिखने लगीं—

स्तब्ध, शान्त
आसन्न शिलाओं के परिकर से
परिच्छन्न
यह मेरी आत्मा का लघु दीप
पाषाणी परिवेश
भेदता हुआ अभी तक
आभासित करता है आभा
अभ्यन्तर से।

आत्मा का लघु दीप अपने अभ्यन्तर प्रकाश से अन्धकार के पाषाणी परिवेश को बेधता है। प्रकाश और अन्धकार के द्वन्द्व के स्वर छायावाद में भी हैं और भारतीय स्वाधीनता-आन्दोलन में भी। अपने शब्द-विन्यास और कथन-भंगिमा में यह कविता महादेवी वर्मा की याद दिलाती है। 'नींद के बादल' संग्रह की कविताओं पर उत्तर छायावाद के अवसाद, अकेलेपन एवं प्रेम को प्रकट करने की साहसिकता का असर स्पष्ट है। बच्चन की शैली का जादू केदार के सिर पर सवार है—जैसे :

—रात में गाऊँ भला मैं कौन-से प्रिय गान
—आज तो व्याकुल व्यथित है प्रेम के स्वर तार
—वेदना की यह कहानी है मधुर वरदान...आदि।

मार्क्सवाद के प्रभाव में आने से पहले के दौर को केदारनाथ अग्रवाल ने भटकाव, अपरिपक्वता और भाववाद से ग्रस्त बताया है। 'अपूर्वा' की भूमिका में उन्होंने विस्तार से अपनी काव्य-यात्रा का उल्लेख किया है जिससे पता चलता है कि वे किस प्रकार भाववाद के अन्धकार से मार्क्सवाद के प्रकाश में आये। केदार की दृष्टि और उनकी कविता को समझने के लिए भूमिका के इस अंश को देखना ज़रूरी है—

"पहले मेरे संस्कार भाववादी थे। दुनिया अपने अस्तित्व में मायावी लगती थी। वह मोहती थी। मैं मोहाविष्ट होता था। उसी मोह से मेरी मानसिकता बनती थी...काव्य के भाववादी संस्कार मुझे प्रिय लगते थे। मैंने अपने जीवन में तब तक संघर्ष जाना ही नहीं था। इसलिए मैं केवल अपनी रुचियों के संसार में रहता और उन्हीं रुचियों की कविताएँ पढ़ता और भाव-विभोर होता।... वकील होते-होते तक मैं मार्क्सवाद के जीवन-दर्शन से अपनी मानसिकता बनाने लगा। मुझे वर्ग-विभाजित समाज की जीवन-पद्धति अरुचिकर लगने लगी। मेरे भाववादी संस्कार ढीले पड़ने लगे—और श्रम और समाजवाद के सिद्धान्त प्रिय लगने लगे। नतीजा हुआ कि मैं मार्क्सवादी जीवन-दर्शन से अपना विवेक बनाने लगा... काव्य के सम्बन्ध में मेरी धारणा बदल गयी। एक तरह से मेरा नया जन्म हुआ और मैं प्रगतिशील कविता लिखने लगा।" इस वक्तव्य से मार्क्सवाद के साथ केदारनाथ अग्रवाल के रिश्ते के तीन मुख्य बिन्दु उजागर होते हैं। पहला तो यह कवि के जीवन-विवेक के बनने की प्रक्रिया शुरू हुई, दूसरा यह कि केदार की काव्य-सम्बन्धी धारणाओं में परिवर्तन हुआ और तीसरा प्रभाव यह हुआ कि प्रगतिशील कविताओं की रचना सम्भव हुई। विवेक, धारणा और काव्य-वस्तु के ढाँचे को मार्क्सवाद ने बदल दिया। क्या मार्क्सवाद का प्रभाव कवि के सामाजिक संस्कारों, जातीय-स्मृतियों और मन की गहराइयों तक गया? प्रगतिशील कही जाने वाली केदार की अधिकांश कविताएँ स्थूल, कथनधर्मी और कविता होने की प्राथमिक शर्तों को भी पूरा नहीं करतीं। वे एक आयातित दर्शन का उत्पाद भर हैं। मार्क्सवाद के साथ केदार का रिश्ता वैसा ही है जैसा किसी पन्थ के अनुयायी का अपने धर्म-ग्रन्थ के साथ होता है। वे मार्क्सवादी जीवन-दर्शन, सोवियत रूस और चीन या क्रान्ति को लेकर मोहाविष्ट दिखाई देते हैं। इसलिए उनके मन में मार्क्सवादी स्थापनाओं को लेकर कहीं कोई सन्देह नहीं है। केदार की संवेदना और उनकी विचारधारा में अन्तर्विरोध है। इस अन्तर्विरोध को हम एक उदारहण से समझ सकते हैं। 12 सितम्बर 1954 को केदार ने चीन पर एक कविता लिखी। शीर्षक दिया—'मुक्त चीन में निर्माणों से शासन होता।' इस कविता का एक अंश इस प्रकार है—

कोई नहीं अशिक्षित, भिक्षुक और कुचाली।
चीन देश को पाल रहा है माओ माली।
नारी नहीं अपावन दासी, वह है आली।
कर्म, कला, कौशल की सबसे फूली डाली।
ऐसे उन्नत चीन देश को नमस्कार है...
चीन हमारी मानवता का कंठहार है।

मानवता के कंठहार चीन को पालने वाला माओ माली ग्यारह वर्षों में ही तानाशाह मदान्ध में बदल गया। 26 सितम्बर 1965 को 'भेड़ों का जुलूस' कविता लिखकर केदार ने माओ और चीन का विरोध किया—

मदान्ध माओ का सिर
झुके या न झुके
मगर इतिहास कहेगा
भेड़ों ने माओ का सिर झुका दिया
और चीन को हरा दिया।

विचारधारात्मक आग्रह से बनी हुई धारणा प्रत्यक्ष अनुभव से टकराकर बिखर गयी। पहली कविता में चीन की जो तस्वीर खींची गयी है वह केवल विज्ञापन मात्र है। चीनी समाज के आन्तरिक संकटों, उसके अभाव, गरीबी और राजनीतिक तानाशाही से बेखबर ऐसी कविताएँ चारण-काव्य के आधुनिक संस्करण की श्रेणी में आती हैं। इसी प्रकार की अनेक कविताएँ लेनिन की प्रशस्ति में भी लिखी गयी हैं। यह भी विचित्र है कि यथार्थवादी कहकर अमर और महान बताये जाने वाले कवि भारतीय समाज की जमीनी सच्चाई से कोसों दूर दिखाई देते हैं। केदार की कविताओं में भी लाल सवेरा की प्रतीक्षा है। इस देश का किसान और मजदूर वर्ग किसी भी क्षण क्रान्ति कर सकता है। जितनी क्रान्ति हिन्दी के प्रगतिवादी कवियों में धधकती है, उतनी तो सोवियत रूस और चीन की राजनीति एवं समाज को भी नसीब नहीं हुई थी। 15 अगस्त 1947 के दिन देश को आज़ादी मिली थी। देश का विभाजन हुआ था। धार्मिक उन्माद और घृणा से जन्मी हिंसा के कहर से मुल्क की रूह आहत थी। लाखों लोग मारे गये, विस्थापित हुए। औपनिवेशिक भारत की सामाजिक-आर्थिक तस्वीर जर्जर थी, लेकिन केदारनाथ अग्रवाल मार्क्सवाद की दूरबीन से सभ्यता के नये क्षितिज पर लाल झंडा उठाये सर्वहारा का जुलूस देख रहे थे—

किन्तु शोषित सर्वहारा
अपहरण की यातना से व्यक्ति विह्वल
स्वत्व की अपनी लड़ाई
हिंस्र पशुओं-भेड़ियों से लड़ रहा है,
भूमि में अपने रुधिर से
लाल टेसू के अंगारे बो रहा है
क्रान्तिकारी औ' लड़ाकू सभ्यता के नव क्षितिज पर
लाल झंडा को उठाये चल रहा है।

यह आशावाद नहीं, बल्कि कविता में विचारधारा का निवेश है। देश की वस्तुगत

परिस्थितियों एवं सामाजिक आकांक्षा की जमीन पर लाल झंडा गाड़ने की ऐसी अधीरता मार्क्सवाद को फैशन के स्तर पर अपनाने का परिणाम है। इक्कीसवीं सदी का हिन्दुस्तान जिन अँधेरों से आज तक मुक्त नहीं हो पाया है, जातिवाद का अँधेरा, सामाजिक-आर्थिक विषमता का अँधेरा, औपनिवेशिक गुलामी का अँधेरा, साम्प्रदायिकता का अँधेरा, पूँजीपतियों, राजनेताओं और नौकरशाही के अपवित्र गठजोड़ का अँधेरा... प्रगतिवादी कवियों ने पाँचवें-छठे दशक में ही इन अँधेरों को मार्क्सवाद के जादुई चिराग से सुनहली सुबह में बदल दिया था। केदारनाथ अग्रवाल भी लाल सवेरा लाने में किसी प्रगतिवादी कवि से पीछे नहीं हैं। मार्क्सवादी सुबह की रोशनी में कवि केदार को कमागार बच्चों के हाथ लाल कमल की तरह खिले हुए दिखाई देते हैं—

छोटे हाथ
सवेरा होते
लाल कमल-से खिल उठते हैं
करनी करने को उत्सुक हो
धूप-हवा में हिल उठते हैं।

ढाबों पर, छोटे-छोटे कारखानों में, बीड़ी-उद्योग में और न जाने कितने प्रतिबन्धित क्षेत्रों में काम करने को मजबूर बच्चों के चेहरों को गौर से देखने वाली आँखों को लाल कमल से खिलने वाले हाथ नज़र नहीं आ सकते। ज़रूर यह किसी इन्द्रजाल का कमाल है। केदार की एक चर्चित कविता है—'मजदूर का जन्म।' यह कविता 1954 में लिखी गयी थी और मार्क्सवादी आलोचकों से इसे खूब दाद मिली—

एक हथौड़ा वाला घर में और हुआ
हाथी-सा बलवान,
जहाजी हाथों वाला और हुआ...
सुन ले री सरकार!
कयामत ढाने वाला और हुआ।

एक ज़माने में हथौड़ा, हँसिया, गोली-बारूद, जुलूस, नारा, हड़ताल, मज़दूर, क्रान्ति, जमींदार आदि कविता के अनिवार्य-अवयव थे। इनके प्रयोग के बिना कविता के संसार में स्वीकृति नहीं मिलती थी। केदार की ऐसी कविताएँ वीज़ा-पासपोर्ट जारी करने वाले अधिकारी संगठनों और आलोचकों की अपेक्षाओं के अनुकूल थीं, इसलिए उनकी कविता के विश्लेषण के बिना ही उन्हें महान कवि का प्रमाण-पत्र दे दिया गया। कठिनाई यह है कि कवि या कविताओं का महत्त्व तो इतिहास तय करता है, इन आलोचकों की हैसियत भी इतिहास ही तय करता है जो मनचाहे ढंग से किसी रचना को खारिज़ करते हैं या किसी को अमरता का वरदान देते हैं।

फ़रमाइश या फैशन में की गयी रचनाएँ भविष्य तो क्या, अपने वर्तमान में ही बुलबुले की तरह फूट जाती हैं। दुर्भाग्य से केदार की ऐसी कविताएँ बुलबुला गति को प्राप्त हुई। यह विचित्र है कि केदार की सैद्धान्तिक मान्यताएँ ऐसी कविताओं के विरोध में हैं। उनकी कुछ मान्यताएँ उल्लेखनीय हैं–

1. ''पहली बात तो यह है कि 'संज्ञान' से प्राप्त हुए सत्य की अभिव्यक्ति करने वाली कविता तभी कविता होगी, जब वह कलात्मक होगी।'' (विचार-बोध, पृ. 111)
2. ''कुरूपता चाहे जितनी सत्य हो, उसका उसी रूप में निरूपण कृतित्व का ध्येय नहीं हो सकता। कृतित्व में वही कुरूपता जीती है जो कृतित्व के शिल्प-सौन्दर्य से अभिषिक्त होती है।'' (भूमिका : फूल नहीं रंग बोलते हैं)
3. ''प्रगतिशीलता का कतई यह अर्थ नहीं होता कि कविता कविता न रहे, नंगी-बुची हो जाए और व्यक्ति अथवा राजनीति का वचन मात्र हो जाए। कविता को संश्लिष्ट इकाई होना चाहिए।'' (भूमिका : मार-प्यार की थापें)

स्पष्ट है कि केदार कविता की कलात्मक कीमत पर सामाजिक-राजनीतिक विषयों या मार्क्सवादी निर्देशों को लागू करने के पक्ष में नहीं हैं। फिर क्या कारण है कि वे अपनी ही धारणाओं के विरोध में जाकर वक्तव्यों की सपाटता और अशक्त शब्द-योजना से निष्प्रभ और सूचनाधर्मी कविताओं का ढेर लगा देते हैं? 1968 में लिखी गयी 'उत्तरी वियतनाम' का एक अंश :

डालर ने सोचा था :
हो-ची मिन्ह भुनगा है;
उसका देश केंचुआ है;
उसके लोग मुरदा हैं;
जाहिल आबादी है;
चुटकी से मसल देगा भुनगे को
एड़ी से कुचल देगा केंचुए को
जल्दी से जीत लेगा मुरदों को
जाहिल आबादी को पीट लेगा
लेकिन
उस भुनगे ने
डालर को मसल दिया,
केंचुए ने
डालर को कुचल दिया

मुरदों ने
डालर को पीस दिया
जाहिल आबादी ने
डालर का खून किया...

अपनी ऐसी कविताओं के प्रति क्या केदार में कोई धृतराष्ट्र-मोह है? अनुमानतः ऐसी कविताओं पर मार्क्सवादी आलोचकों की वाहवाही मिली होगी। आलोचक का दायित्व मनोनुकूल और सम्प्रदायपक्षी विषयों पर लिखी रचना को महान सिद्ध करना नहीं (ऐसा करने से उन्हें कौन रोक सकता है?) होता, बल्कि उसका सम्यक मूल्यांकन करना होता है। हिन्दी के शहरी मार्क्सवादी आलोचक कविता में या किसी रचना में खेत-खलिहान, किसान-मज़दूर, अमेरिका-विरोध आदि को देखते ही भावाकुल हो उठते हैं। पहले तो वे उस रचना को ऐतिहासिक दस्तावेज़ का दर्ज़ा देते हैं और फिर उसके रचनाकार को प्रेमचन्द, निराला की क्रान्तिकारी परम्परा के कक्ष में स्थापित कर देते हैं, मानो प्रेमचन्द और निराला श्रेष्ठ और कालजयी रचनात्मकता की शाश्वत एवं सार्वभौमिक कसौटी हों! क्रान्ति किसी रचना की नहीं, किसी संगठन या राजनीतिक सम्प्रदाय की कसौटी हो सकती है। क्रान्ति जब स्वयं कठघरे में हो और उसके राजनीतिक-सामाजिक आशय इतिहास के कूड़ेदान में पड़े हों, तब उसे सृजन की कसौटी बनाने का बड़बोलापन विशुद्ध रूप से साहित्यिक पंडागिरी है। प्रेमचन्द, निराला और नागार्जुन में क्रान्ति की धधकती ज्वाला देखने वाले आलोचक कभी नहीं बता पाते कि हिन्दी समाज में उस क्रान्तिकारिता का प्रभाव और उपस्थिति किस रूप में है? क्या क्रान्ति केवल रचनाओं और रचनाकारों के रहस्य-लोक में विचरण करती है जिसे केवल आलोचक किसी तांत्रिक दृष्टि से देख लेता है लेकिन जो आम पाठक और उस जनता को कभी नहीं दिखती जिसके लिए वह की गयी है? क्या क्रान्ति कुंडलिनी का मार्क्सवादी संस्करण है? केदारनाथ अग्रवाल की कविताओं पर डॉ. रामविलास शर्मा की दो टिप्पणियाँ उल्लेखनीय हैं–

1. "प्रगतिशील साहित्यिक आन्दोलन के प्रमुख कवि केदारनाथ अग्रवाल का पहला कविता संग्रह 'युग की गंगा' भारत के स्वाधीन होने से पहले मार्च 1947 में प्रकाशित हुआ था। बहुत अच्छा कविता संग्रह होने के अलावा भारत और हिन्दी साहित्य के इतिहास को समझने के लिए यह एक बहुमूल्य दस्तावेज़ है।"
2. केदार की चेतना मूलतः किसानी चेतना है। केदार की कविता, कथाकार प्रेमचन्द की विरासत का क्रान्तिकारी विकास है। प्रेमचन्द, निराला, केदार, नागार्जुन इन्हें बेज़मीन किसानों और खेत मज़दूरों से गहरी सहानुभूति हैं।"

रचना की सार्थकता समय या जीवन की गतिविधियों के विवरण देने में नहीं होती। यह काम तो ज्ञान के दूसरे अनुशासन बखूबी और बेहतर ढंग से करते हैं। रचना की सार्थकता और प्रामाणिकता उसके दस्तावेज हो जाने में है—ऐसा मानने वाले चिड़िया के पंख कतर कर उसे रेंगने वाले प्राणी में बदलने की क्रूर क्रिया के हिमायती लोग हैं। कविता तथ्यों से अवगत कराने के लिए नहीं लिखी जाती, न वह सिद्धान्तों एवं धारणाओं का गोदाम-घर होती है। वह अपने विशिष्ट भाषिक व्यवहार से तथ्य में निहित सत्य को और वर्तमान में अदृश्य रूप से मौजूद सनातनता को रेखांकित करती है। वह ज्ञात को क्षितिज के धुँधलके में ओझल होते जलपोत की तरह निहारती है। वह परिचित और अपरिचित की पराकोटियों के बीच संचरित होती है, इसलिए उसे कालयात्री कहा गया है, इसीलिए सभ्यताओं का इतिहास उसमें जीवित रहता है, इसलिए उसके परिसर में मनुष्य को आदिम मन के कदमों की आहटें सुनाई देती हैं और इसलिए उसमें पुरखों की स्मृतियों और वर्तमान पीढ़ी का संवाद सम्भव हो पाता है। राजनीति में जिसे वंशवाद या परिवारवाद कहा जाता है, हिन्दी आलोचना में उसे मित्रवाद कहा जा सकता है। इस मित्रवादी सम्प्रदाय का केन्द्रीय नारा है—'रचना नहीं, रचनाकार।' इस मित्रवादी आलोचना के पास एक ऐसा रसायन है जो रचना की गुणवत्ता के प्रश्न को गायब कर देता है... शेष रह जाता है विषय, और विषय जो भी हो, मित्र रचनाकार को क्रान्तिकारी, महान और कालजयी तो होना ही है। यह आलोचना कुछ विलक्षण भविष्यवाणियाँ भी करती है—"एक बार अखिल भारतीय पैमाने पर जन-आन्दोलन का प्रसार होने दो, लोग केदार की कविताएँ ढूँढ़-ढूँढ़ कर पढ़ेंगे।" (रामविलास शर्मा)। इस मित्रवादी आलोचना के अप्रतिम आलोचक हैं—डॉ. रामविलास शर्मा। जब हिन्दी की मार्क्सवादी आलोचना के भीष्मपितामह माने जाने वाले डॉ. रामविलास शर्मा की इतनी घनी मित्र-छाँह हो तो फिर चिन्ता किस बात की? कुछ भी लिखो और प्रकाशित कराओ! केदारनाथ अग्रवाल की तथ्यात्मक विवरणात्मक और प्रचारधर्मी, नीरस कविताओं का जंगल मित्रवादी आलोचना की जलवायु में फूला-फैला है। एक कवि होने के कारण केदारनाथ अग्रवाल को प्रगतिवादी बंदिशों का अहसास है। वे उसके बाड़े से बाहर भी निकलने का प्रयास करते हैं। जब-जब यह प्रयास सफल होता है, एक सार्थक, रचनात्मक कविता सम्भव होती है। प्रगतिवाद के साथ केदार की रचनात्मकता की रस्साकशी उनके वक्तव्यों में नज़र आती है। 'अपूर्वा' की भूमिका में केदार ने लिखा है—"इन कविताओं का स्वर और स्वभाव ऐसा है कि प्रचलित मान्यता के बल पर इन्हें प्रगतिशील रचना होने का सौभाग्य प्राप्त न हो। लोग तो प्रगतिशील कविता में केवल राजनीति की चर्चा मात्र ही चाहते हैं। वे कविताएँ जो प्रेम से, प्रकृति से, आसपास के आदमियों से, लोकजीवन से सुन्दर दृश्यों से, भू-चित्रों से, यथावत चल रहे व्यवहारों से और इसी

तरह की अनेकरूपताओं से विरचित होती हैं, प्रगतिशील नहीं मानी जातीं। मेरी प्रगतिशीलता में इन तथाकथित वर्जित विषयों का बहिष्कार नहीं है। ...मेरा विवेक कहता रहा है कि समग्र जीवन में पैठो—भीतर-बाहर का निरीक्षण-परीक्षण करो—वैज्ञानिक दृष्टि से सत-असत को समझो और आदमी को ऐसा कृतित्व दो, जो उसे नेक आदमी बनाये, उसको उसका नकली चेहरा दिखाये, उसे दूसरों से अलग कर गैर न बनाये, न देश से बाहर की बौद्धिक गुहा में ले जाये...।"

इस कथन में केदारनाथ अग्रवाल की कविता के बीज-सूत्र मौजूद हैं—प्रेम, प्रकृति, लोक-जीवन और यथार्थ। इन बीज-सूत्रों में राजनीति को भी शामिल किया जाना चाहिए क्योंकि केदार ने राजनीतिक विषयों को आधार बनाकर बहुत-सी कविताएँ लिखी हैं। ये बीज-सूत्र की केदार की कविता को बहुआयामी आधार देते हैं जिसे 'अनेकरूपता' कहा गया है। केदार के कवि-कर्म का मूल्यांकन इन्हीं सूत्रों के आधार पर किया जाना चाहिए।

2

प्रगतिवादी कवियों में केदारनाथ अग्रवाल की पहचान प्रेम और सौन्दर्य के कवि के रूप में स्थापित की गयी है। प्रेम और सौन्दर्य सम्बन्धी उनकी कविताओं के विश्लेषण से पहले यह जान लेना उचित होगा कि इस विषय पर स्वयं कवि की क्या मान्यताएँ हैं। 'जमुन जल तुम' की भूमिका (जिसका शीर्षक है : 'मुझे भी कुछ कहना है') में उन्होंने लिखा है—"मूलतः मैं पत्नी-प्रेमी रहा हूँ और मेरी प्रेम की कविताएँ उन्हीं के प्रेम और सौन्दर्य की कविताएँ हैं।... पहले परकीया प्रेम का उदात्तीकरण कर दिया जाता था। राधा के प्रति कवियों का प्रेम-वर्णन इसी का उदाहरण है।... मैंने अपने प्रेम को इस प्रकार के परकीया प्रेम के उदात्तीकरण से अलग रखकर सरल-सहज और खुले रूप में स्वकीया प्रेम को मानवीय प्रेम के रूप में प्रस्तुत किया है।... आज, मेरे ऐसे प्रेम की कविताएँ हिन्दी काव्य में मिलना दुश्वार हैं।" अपनी प्रेम कविताओं के प्रति ऐसा विलक्षण आत्मविश्वास हिन्दी की कवि-परम्परा में दुर्लभ है। प्रेम की यह समूची अवधारणा सामन्ती-मूल्यों पर टिकी है। 'परकीया और स्वकीया' शास्त्र के शब्द है, प्रेम के नहीं। यह विचित्र है कि नये समाज और व्यवस्था की वकालत करने वाली मार्क्सवादी विचारधारा का घोषित अनुयायी कवि प्रेम की पवित्रता का प्रतिमान रीतिकालीन काव्यशास्त्र की शब्दावली 'स्वकीया' को बनाता है। यह भी स्पष्ट करना जरूरी है कि प्रेम स्वकीया या परकीया नहीं होता। स्वकीया-परकीया तो नायिकाएँ हुआ करती थीं। कवि का प्रेम अपनी पत्नी के प्रति है और इसलिए वह स्वकीया है—इस आधार पर प्रेम कविता की श्रेष्ठता का निर्धारण

नहीं हो सकता। केदार की कथित प्रेम कविताओं की चर्चा के प्रसंग में यह जानना ज़रूरी है कि वे अपने जीवन में पत्नी की भूमिका को किस रूप में देखते हैं और स्त्री के प्रति उनका दृष्टिकोण क्या है। 'गुलमेंहदी' में उनकी एक कविता है—'कल कमीज में बटन नहीं थे।'

कविता इस प्रकार है :

हे मेरी तुम!
कल कमीज में बटन नहीं थे,
कुरता देखा तो आगे से फटा हुआ था,
धोती में कुछ दाग़ पड़े थे,
बक्स और अलमारी देखी,
नहीं एक भी मिला तौलिया,
मैंने एक रूमाल निकाला
वह था मैला;
सोपकेस में सोप नहीं था,
एक बूँद भी तेल नहीं था,
कन्धा परसों टूट चुका था,
मेजपोश पर धूल जमी थी,
पुस्तक पर प्याला बैठा था,
कापी पर औंधा गिलास था,
पैसे की डिबिया में पैसा एक नहीं था,
आलू और अनाज ख़तम था,
लालटेन अन्धी जलती थी,
हाय राम! मेरी आफ़त थी
अब बोलो तुम कब आओगी,
घर सँवारने?

यह प्रेम है? या अपने निठल्लेपन का उत्सव? अगर पुरुष के जीवन में पत्नी की यही भूमिका है और इसी को वह अनूठा प्रेम घोषित करता है तो यह चिन्ता की बात है। यही केदारनाथ अग्रवाल जब सार्वजनिक मंच पर आते हैं तो उनकी कविता होती है :

शक्ति मेरी बाहु में है
शक्ति मेरी लेखनी में
बाहु से निज लेखनी से

तोड़ दूँगा मैं शिलाएँ!
जागरण है प्राण मेरा
क्रान्ति मेरी जीवनी है
जागरण से, क्रान्ति से मैं
घनघना दूँगा दिशाएँ।

काश! इन शक्तिशाली बाहुओं का शतांश उपयोग भी पुस्तक पर बैठे प्याले और कापी पर औंधे पड़े गिलास को उठाकर यथास्थान रख देने में होता तो पत्नी का कुछ भार हलका हो जाता! अन्ततः पुरुष के जीवन में पत्नी की भूमिका एक सेविका की है। इस सेवा के लिए पति उसे अपने 'प्रेम' का महान उपहार देता है। यही 'उपहार' क्या स्त्री का परम सौभाग्य नहीं है? राजनीति में क्रान्ति और जीवन में सामन्ती-मूल्यों की जकड़न—यह प्रचंड अन्तर्विरोध केवल केदारनाथ अग्रवाल में ही नहीं, आज़ादी के बाद के भारत के एक बड़े बौद्धिक वर्ग की हक़ीकत है। केदार की कविता में आदि से अन्त तक—कहीं भी स्त्री का मन नहीं है; उसकी भावनाएँ नहीं हैं। वह केवल देह है जो पुरुष की विपुल वासना को उद्दीप्त करती है। 'जमुन जल तुम' संग्रह में एक कविता है 'प्रेम-तीरथ।' इस प्रेम-तीरथ में स्त्री और प्रेम की गति का रूप यह है—

गोरी रूप-कमान- समान तने-तन वाली
प्रबल-प्रेम की करती दृढ़ टंकार थी,
साँवरि-विनय-वासना-विष में बोरी
उलट-पुलट कर नागिन जैसी डस लेती थी!
× × ×
अपना नाम कुचों पर जिनके
मीठे चुम्बन से लिखता था
जिनकी छाती बड़े वेग से
धक्-धक् करने लग जाती थी।

ऐसी कविताएँ केदार के यहाँ पर्याप्त संख्या में हैं। उनकी कविताओं में प्रेम के नाम पर चूमने-चाटने-मसलने-दबोचने की कामान्ध क्रियाएँ हैं। भोग कामना के अन्ध-गह्वर में वासना का खुला खेल। देह-लिप्सा में लिथड़ी ऐसी कविताओं को 'स्वकीया-प्रेम' के गंगाजल से पवित्र कर देने वाले पंडों की शक्ति अपरम्पार है! ऐसा प्रतीत होता है कि स्त्री-देह की मांसलता और उसे नग्न देखने की आतुरता केदार में मनोव्याधि के स्तर पर है। शायद इसीलिए प्रकृति को भी वे स्त्री की नग्नता में उभारते हैं—

चोली फटी सरस सरसों की
नीचे गिरा फागुनी लहँगा,
ऊपर उड़ी चुनरिया नीली
देखो हुई पहाड़ी विवसन
आतप-तप्ता। (फूल नहीं रंग बोलते हैं)

देह प्रेम की धरती है और भावना उसका आकाश। क्या आकाश के बिना धरती के जीवन की कल्पना की जा सकती है? आकाश के बिना तो केंचुओं का जीवन भी सम्भव नहीं है जिनका आकाश से कोई रिश्ता नहीं दिखता, जो धरती के भीतर रहते हैं! सवाल अश्लीलता या अपवित्रता का नहीं है। चिन्ता इस बात की है कि पत्नी-प्रेम का तर्क देकर एक कवि प्रेम जैसे महाभाव को वासना के कीचड़ में ढकेल देता है और आलोचक गण ताली बजाते हैं। मित्रवादी एवं सम्प्रदायवादी आलोचना का एक कुफल यह भी है। अपवाद कहाँ नहीं होते। केदार में भी हैं। कुछ कविताएँ ऐसी भी हैं जिनमें प्रेम की अनुभूति देह के गुरुत्वाकर्षण से मुक्त होकर उड़ान भरती है—

जिस दूर्वा पर हम तुम लेटे
कोमल हरित उदार रहे
रजनी की आँखों में जाग्रत
ईश्वर साक्षीकार रहे
हम दोनों का प्यार रहे। (गुलमेंहदी)

हमारा प्रेम रात की आँखों में जागता रहे और इस प्रेम का साक्षी ईश्वर हो, यह प्रेम दूब को अधिक हरा और कोमल बनाये यह अपने प्रेम को सनातन बनाने की आकांक्षा है। देह के बीत जाने पर भी दूब की हरियाली, रात की आँखों और ईश्वर की स्मृतियों में प्रेम को जीवित रखने की आकांक्षा! यही प्रेम की उदात्त भूमि है। समय से परे, काल की गहराइयों में प्रेयसी से मिलने की इच्छा कुछ कविताओं में व्यक्त हुई है—

जहाँ कोई नहीं आया
वहाँ आओ काल की गहराइयों में
नृत्य करने—प्यार बारम्बार करने। (वसन्त में प्रसन्न हुई पृथ्वी)

जीवन के उत्तरार्द्ध में पत्नी के देहान्त के बाद केदार की प्रेम कविताओं की दिशा बदलती है। 'आत्मगन्ध' नामक संग्रह में ऐसी अनेक कविताएँ हैं जिनमें प्रिया की अनुपस्थिति की उदास गूँज सुनाई देती है। कवि वासना के ज्वार से बाहर निकलता है और इस सच का सामना करता है कि वक़्त सब कुछ बदल देता है। दार्शनिकता के हलके आभास के साथ जीवन में घिर आये अकेलेपन को केदार बेहद मार्मिक ढंग से दर्ज करते हैं—

वही घर है
वही मैं हूँ
अब नहीं वह घर रहा
अब नहीं वह मैं रहा
जो हुआ वह कह रहा
अनकहा सब सह रहा। (आत्मगन्ध)

केदार में रूमानियत बहुत कम है। ऐसा क्यों है, यह तो विश्लेषण का विषय है। यथार्थ के प्रबल आग्रह के कारण सम्भवतः उन्होंने भावना को वायवीयता मान लिया और देह को वास्तविक। प्रेम तो वास्तविक को वायनीय बनाकर ही जीवित रहता है। वायवीयता ही प्रेम की आत्मा है। प्रेम के वायवीय होने का अर्थ है—वासना का भावना में रूपान्तरण। केदार जहाँ ऐसा कर सके हैं—वहाँ उनकी कविता में गहराई दिखती है। यह दुखद है कि एक समर्थ और सम्भावना युक्त कवि देह के दलदल में फँसा रहा। इसलिए केदार की कविता में प्रेम की पीड़ा, उसकी रहस्यमयता और व्याकुलता का अभाव है। उनकी कविता प्रेम के अनकहे अहसासों से भी रिक्त है। लेकिन जो नहीं है, उसका क्या गम! जब खुद कवि यह घोषणा करे कि—

मैं नारी का प्रेमी
मेरी प्रीति अपावन! (गुलमेंहदी)

तो उसके प्रेम की दिशा स्पष्ट हो जाती है। छायावादी प्रेम के अन्धविरोध में वासना को मूल्य बनाने की जो मुहिम चलाई गई, केदारनाथ अग्रवाल की कविताएँ उसी मुहिम का हिस्सा जान पड़ती हैं।

3

केदारनाथ अग्रवाल के काव्य-संग्रह 'फूल नहीं रंग बोलते हैं' मैं एक कविता है—'खेत का दृश्य।' इस कविता का अन्त इस तरह से होता है—

मैंने ऐसा दृश्य निहारा,
मेरी रही न
मुझे खबरिया,
खेतों के नर्तन-उत्सव में,
भूला तन-मन
गेह डगरिया।

प्रकृति केदार की काव्यानुभूति का उत्तमांश है। प्रकृति-चित्रण सम्बन्धी कविताओं में उनकी कल्पनाशीलता, आन्तरिक उल्लास, जीवन और भाषा की लय तथा

सौन्दर्यप्रियता रचनात्मक उठान पर होते हैं। बहुत पुरानी है प्रकृति, लेकिन परिवर्तन का सातत्य उसे चिरनवीन बनाये रखता है। इस प्रकृति से रागात्मक लगाव कवि के जीवन को अर्थवान बनाता है। इसलिए यह माना जा सकता है कि प्रकृति केदार की कविता में महज़ विषय के रूप में नहीं है बल्कि उनकी रचनात्मक ऊर्जा का स्रोत भी है। यद्यपि उन्होंने कुछ कविताएँ सागर और पहाड़ों पर लिखी हैं, लेकिन उनकी अधिकांश कविताएँ बुन्देलखंड की धरती, आसमान, फसलों और वनस्पतियों से जुड़ी हैं। हालाँकि उनका पहला काव्य-संग्रह 'युग की गंगा' है, लेकिन वह परिवर्तन की ऊर्जा और नये समाज की सम्भावना के प्रतीक के रूप में है। नदी तो 'केन' है जो केदार के गृह-नगर 'बाँदा' को जीवन देती है। प्रकृति के साथ केदार का प्रगाढ़तम रिश्ता 'देखने' के स्तर पर है। देखने की डोर से बँधे हैं केदार और प्रकृति। लेकिन यह देखना केवल दृश्य का साक्षी होना भर नहीं है, वह प्रकृति की लय में, उसकी सुन्दरता में और गतियों में शामिल होना है। मनुष्य की चेतना और प्रकृति के अनन्त सौन्दर्य-गतियों के रचनात्मक सम्बन्ध का साक्ष्य हैं केदार की कविताएँ। 'चन्द्रगहना से लौटती बेर' उनकी प्रसिद्ध कविता है। व्यापारिक नगर से दूर, विजन में, खेत की मेंड़ पर बैठा कवि दृश्य देख रहा है। इस दृश्य में पोखर के तल में लहर ले रही भूरी घास है, ध्यान-निद्रा त्यागकर मछली को अपनी चोंच से पकड़कर गले में डालता हुआ बगुला है, काले माथे और सफेद पंखों वाली चतुर चिड़िया है जो तालाब के जल पर झपट्टा मारकर अपनी पीली चोंच में मछली दबाकर, दूर गगन में उड़ जाती है। रेल की पटरियों के उस पार चित्रकूट की अनगढ़, चौड़ी और कम ऊँची पहाड़ियाँ दूर दिशाओं तक फैली हैं। बाँझ भूमि पर रीवा के कुरूप और काँटेदार पेड़ खड़े हैं। दृश्यों के इस संजाल में—

सुन पड़ता है
मीठा-मीठा रस टपकाता
सुग्गे का स्वर
टें टें टें टें;
सुन पड़ता है
वनस्थली का हृदय चीरता
उठता-गिरता
सारस का स्वर
टिरटों टिरटों... (फूल नहीं रंग बोलते हैं)

दृश्य और ध्वनि का यह जादू कवि के मन में सारसों के साथ उड़ान भरने की आकांक्षा पैदा करता है। वह उड़कर हरे खेत में पहुँचना चाहता है ताकि सारसों की

'जुगल जोड़ी' की प्रेम कहानी को चुपके-चुपके सुन सके। इस कविता की दृश्य-योजना एक छोटा-सा दृश्य है तालाब का–

हैं कई पत्थर किनारे
पी रहे चुपचाप पानी
प्यास जाने कब बुझेगी!

प्यास पत्थर में है या इस दृश्य को देखने वाले कवि की जिन्दगी में? इस प्यास का सन्दर्भ क्या है? सामूहिक उपस्थितियों के बीच भी अकेलेपन का अहसास या एक सनातन रिक्तता जो मनुष्य की नियति है या फिर एक अन्तहीन तलाश जो जीवन को अर्थ देती है...कौन जाने! केदार की खासियत है कि प्रकृति के परिचित और सामान्य प्रसंगों को भी अर्थगर्भित अनुभूति से जोड़ देते हैं। प्रकृति, मानवीय आकांक्षा और एक असमाप्य प्यास की त्रयी इस कविता को रचनात्मक आयाम दे देती है। केदार प्रकृति-चित्रण करते समय, छायावादियों की तरह कल्पना का प्रयोग नहीं करते– सामान्यतः यह औसत धारणा है। वस्तुतः केदार के यहाँ कल्पना की भूमिका परिवेश-निर्माण की है। उनकी अच्छी कविताओं में प्रकृति सीधे नहीं आती, बल्कि परिवेशगत संश्लिष्टता में लिपटी हुई आती है और अर्थ की सम्भावनाओं को जगह देती है–'फूल नहीं रंग बोलते हैं' संग्रह की कविता 'आँखों देखा' उल्लेखनीय है–

आज
अभी आँखों से
पर्वतीय निर्जन के
धुन्ध-भरे घेरे में,
क़ैद खड़े पेड़ों के
मौन पड़े डेरे में
पातहीन डालों के
आख़िरी किनारों पर
पीत पगे फूलों के
आरसी कपोलों पर
दिन में ही
जगर-मगर
दीप जले देखे हैं।

यह कैमरे की बेजान आँखों से देखा गया दृश्य नहीं है। इस देखने में एक टटकापन है। कल्पना के बिना प्रकृति के इस दृश्य को इस ढंग से देखना सम्भव नहीं। केदार की ऐसी कविताएँ देखने की योग्यता का संकेत भी देती हैं। देखने के लिए ठहराव

चाहिए... एक शान्त और संवेदनशील मन भी। विकास की आपाधापी में ठहराव और मनुष्य का मन—दोनों खो गये हैं। मनुष्य का अन्तर्लोक कोलाहल से भर गया है। उसके सपनों में भी भागती-हाँफती दुनिया की साँसों का शोर फैला हुआ है। कहा जा सकता है कि देखना एक आईना है जिसमें मनुष्य की आन्तरिकता का वर्तमान ही नहीं, उसका अतीत और अनागत भी प्रतिबिम्बित होते हैं। केदार की कविता देखने की क्रिया का अर्थ-विस्तार देती है और उसे रचनात्मक भी बनाती है।

केदार के काव्य में ग्राम्य-प्रकृति की प्रधानता के कारण रामविलास शर्मा ने उन्हें किसानी संस्कार का कवि माना है। यह सच है कि केदार की आरम्भिक पृष्ठभूमि गाँव की थी, लेकिन इस आधार पर उन्हें किसानी संवेदना का कवि नहीं माना जा सकता। राजेश जोशी की दृष्टि में केदार की मूल संवेदना नागरीय है। वे ग्राम-प्रकृति को नागर दृष्टि से देखते हैं, लेकिन उनकी काव्यानुभूति में ग्राम्य जीवन की स्मृतियाँ लिपटी होती हैं। हवा, धूप, नदी, फसल, बादल आदि को केदार जिस गहराई और रागात्मक भाव से चित्रित करते हैं—वह अनूठा है। उनकी राग-चेतना में ग्राम्य-संस्कारों के रंग हैं, मगर अभिव्यक्ति में ढलकर उसका रूप बदल जाता है। 'फागुन' शीर्षक कविता दर्शनीय है—

दिन आये फागुन के
मैदानों खेतों से
गाँवों के ऊपर से
हर करके कुहरे के गाढ़े घूँघट को
ऊषा को लज्जा की लाली में रँगने के
दिन आये फागुन के... (जो शिलाएँ तोड़ते हैं)

केदार की कविता में धूप, नदी और बादलों की बहुलता है। हिन्दी कवियों में केदार ने धूप पर सर्वाधिक कविताएँ लिखी हैं। उनकी कविता में धूप मिथकीय सन्दर्भों से लेकर लोक-जीवन के रागात्मक सन्दर्भों तक फैली है। 'धूप का गीत' में वे धूप को इस रूप में देखते हैं—

धूप धरा पर उतरी
जैसे शिव के जटाजूट पर
नभ से गंगा उतरी (फूल नहीं रंग बोलते है)

'धूप' शीर्षक एक अन्य कविता में यही धूप चाँदी की साड़ी पहने, मैके में आई हुई बेटी थी तरह मगन है—

धूप चमकती है चाँदी की साड़ी पहने
मैके में आयी बेटी की तरह मगन है

फूली सरसों की छाती से लिपट गयी है
जैसे दो हमजोली सखियाँ गले मिली हैं (फूल नहीं रंग बोलते हैं)

'वसन्ती हवा' तो केदार की कालजयी कविता है। उल्लास, प्रवाह और लोक-जीवन की गहरी सम्पृक्ति की दृष्टि से यह हिन्दी कविता की महत्त्वपूर्ण उपलब्धि है। केदार में सामान्यतः बीहड़ और विराट प्रकृति के चित्र नहीं हैं, लेकिन कहीं-कहीं उसकी प्रचंड शक्ति के प्रभावशाली चित्र जरूर मिल जाते हैं। तूफ़ान का एक शक्ति-चित्र प्रस्तुत है–

मैं घोड़ों की दौड़
वनों के सिर पर तड़तड़ दौड़ा
पेड़ बड़े-से-बड़ा
चिरौटे-सा चिल्लाया, चौंका
पत्तों के पर फड़-फड़ फड़के
उलटे, उखड़े, टूटे
मौन अँधेरों की ढालों पर
साँड़ पठारी छूटे। (फूल नहीं रंग बोलते हैं)

केदार के प्रकृति-चित्रण में पर्याप्त विविधता है। उनके प्रकृति-चित्रण पर सामाजिक-राजनीतिक सरोकारों के साथ उनकी काम-भावना का भी गहरा प्रभाव है। कई कविताओं में प्रकृति प्रेयसी की तरह चित्रित हुई है। ऐसी कविताओं में अनुभूति की कोमलता देर तक एक चाक्षुप बिम्ब के रूप में पाठक की चेतना में थरथराती रहती है–

चली गई है कोई श्यामा
आँख बचाकर-नदी नहाकर
काँप रहा है अब तक व्याकुल
विकल नील जल।

राजनीतिक आशय वाली कविताओं में प्रकृति शक्ति, प्रतिरोध और संघर्ष के प्रतीक के रूप में चित्रित हुई है। केदार में प्रकृति के गतिशील चित्रों की अधिकता है, इस गतिशीलता को केदार ने संघर्ष और प्रतिरोध का राजनीतिक आयाम दे दिया है–

तेज धार का कर्मठ पानी
चट्टानों के ऊपर चढ़कर
मार रहा है
घूँसे कसकर
तोड़ रहा है तट चट्टानी।

वस्तुतः प्रकृति केदार की जीवनानुभूति और काव्यानुभूति का सर्वाधिक महत्त्वपूर्ण पक्ष है। वह कवि की जीवनानुभूतियों की धमनियों में रक्त की तरह प्रवाहित है। देह और मन के भूगोल में वह हवा, पानी और आकाश की तरह व्याप्त है। केदार जानते हैं कि एक दिन ज़िन्दगी का सफ़र थम जाएगा, मगर प्रकृति का सफ़र ज़ारी रहेगा– उसकी सुन्दरता हमेशा बनी रहेगी–

हम न रहेंगे
तब भी तो यह खेत रहेंगे
इन खेतों पर घन घहराते
शेष रहेंगे
जीवन देते
प्यास बुझाते
माटी को मदमस्त बनाते
श्याम बदरिया के
लहराते केश रहेंगे।

4

केदार के सौन्दर्य-बोध और यथार्थ-बोध में कोई खाई नहीं है। सौन्दर्य को देखने वाली आँखें और उसका अनुभव करने वाला मन ही जीवन के दुख-दर्द, अन्याय, अभाव और विषमता के इलाके में घूमता है। सौन्दर्य की गहरी अनुभूति के बिना यथार्थ की कठोरता का अनुभव सम्भव नहीं था यह भी कह सकते हैं कि यथार्थ की तीखी धूप से गुजरे बिना सौन्दर्य की शीतलता का अहसास नहीं हो सकता। जीवन विरोधाभासों का पुंज है। वह अन्तर्विरोधों से बनता है। इसीलिए परस्पर भिन्न या विरोधी लगने वाली स्थितियाँ जीवन को निर्मित करती हैं। केदार प्रकृति के सौन्दर्य के लिए किसी कल्पना-लोक में नहीं जाते। जिस प्रकार उनकी प्रकृति में स्थानीयता की महक है, उसी तरह उनके यथार्थ-बोध में भी बुन्देलखंड के जीवन की गहरी अनुगूँजें हैं। केदार की यथार्थवादी कविताओं में देखी और जानी हुई परिस्थितियाँ हैं। उनकी दर्जनों कविताओं में ग्रामीण जीवन की वास्तविकताएँ हैं। वे मार्क्सवाद के नाम पर गाँव के किसान का, या आम आदमी का आदर्शीकरण नहीं करते। रूढ़ियों और अन्धविश्वासों में जकड़े हुए समाज की सच्चाइयों पर केदार ने पर्दा नहीं डाला। किसान और मज़दूर की अपराजेय शक्ति और क्रान्तिकारिता की कागज़ी लफ़्फ़ाजी से केदार मुक्त नहीं हैं, लेकिन यह भी सच है कि किसानी जीवन की दुर्बलताओं और उसके खोखलेपन के चित्रण में निर्मम हैं। यह निर्ममता किसी अन्य प्रगतिवादी कवि में नहीं है। 'बुन्देलखंड के

आदमी', 'चित्रकूट के यात्री', 'पैतृक सम्पत्ति' और 'गाँव का महम्मन' जैसी कविताओं में ग्रामीण भारत का जीवन पूरी प्रामाणिकता के साथ मौजूद है। 'चित्रकूट के यात्री' कविता में धर्म और तीर्थ यात्रा जैसे कर्मकांड में लिपटे ग्रामीण समाज की वास्तविकता का निर्भीक और निर्मम चित्रण केदार ने किया है–

'चित्रकूट के बौड़म यात्री,
सेतुआ, गुड़ गठरी में बाँधे
गठरी को लाठी पर साधे
लाठी को कन्धों पर टाँगे,
दिनभर अधरम करने वाले
पर नारी को ठगने वाले
पर सम्पत्ति को हरने वाले
भीषण हत्या करने वाले
धर्म लूटने के अधिकारी
टोली की टोली में निकले
जैसे गुड़ के लोभी चींटे
लम्बी एक कतार बना के
अपने-अपने बिल से निकले!

केदार की यथार्थ-चेतना का एक आयाम ग्राम्य जीवन की जड़ता, शोषण और भी भीषण गरीबी है तो दूसरा आयाम वह व्यवस्था भी है जो बहुसंख्यक समाज की नारकीय ज़िन्दगी के लिए जिम्मेदार है। व्यवस्था की अमानवीयता के चित्रण में करुणा और आक्रोश से भाषा का गला भर आता है। उसमें विडम्बना का एक तीखा स्वर सुनाई देता है। अन्याय, विषमता और शोषण मनुष्य निर्मित व्यवस्था के अभिशाप हैं–

एक जोते
और बोये, ताक कर फसलें उगाये
दूसरा अधरात में काटे उन्हें अपना बनाये
मैं इसे विधि का नहीं, अभिशाप जग का जानता हूँ।
एक रोटी
के लिए तड़पे सदा अधपेट खाये
दूसरा घी दूध-शक्कर का मजा भर पेट पाये
मैं इसे विधि का नहीं, अभिशाप जग का जानता हूँ।

(वसन्त में प्रसन्न हुई पृथ्वी)

बंगाल के अकाल पर केदार ने अनेक कविताएँ लिखी हैं जिनमें भूख से बेहाल बाप अपना बेटा बेचने के लिए अभिशप्त है। कलकत्ता की सड़कों पर भूख से मरते लोगों का आलम है। एक नागरिक और मनुष्य के नाते इस अमानवीय व्यवस्था से केदार विचलित होते हैं। ऐसी व्यवस्था बदलनी चाहिए। क्या कविता इस बदलाव का जरिया बन सकती है? यह सवाल पुराना, लेकिन अनुत्तरित है कि अन्याय पर टिकी इस व्यवस्था के उन्मूलन में कविता की क्या भूमिका हो सकती है? अज्ञेय की धारणा है कि कविता व्यवस्था-परिवर्तन का माध्यम नहीं हो सकती। वह तो राजनीति का क्षेत्र है। कविता तो मनुष्य के संवेदन को उसकी दृष्टि और संवेदना को प्रभावित करती है। लेकिन प्रगतिवादी कवि होने के कारण केदार कविता को व्यवस्था-परिवर्तन का औज़ार मानते हैं। इसलिए उनकी कई कविताओं में क्रान्ति का आह्वान है व्यवस्था-परिवर्तन की यह आकांक्षा केदार को राजनीति की तरफ ले जाते है। उनकी राजनीतिक कविताओं का मनुष्य अपनी दुर्बलताओं की राख से निकलकर प्रतिरोध, परिवर्तन और निर्माण की नयी भूमिका में प्रवेश करता है। यह नया मनुष्य केदार की आस्था का आधार है–

न रोके रुकेगा
न मारे मरेगा
नया मुक्त मानव
दिशान्तर करेगा
युगान्तर करेगा। (गुलमेंहदी)

केदार को भरोसा है कि यह नया मनुष्य अपने संकल्प और संघर्ष के लोहे से शोषणवादी व्यवस्था की कठोर चट्टान को चकनाचूर कर देगा–

पत्थर के सिर पर दे मारो अपना लोहा
वह पत्थर जो राह रोककर खड़ा हुआ है... (गुल मेंहदी)

मनुष्य के संघर्ष से एक दिन यह व्यवस्था बदलेगी–उम्मीद की यह रोशनी उनकी कविताओं में है। आम आदमी सम्मान की ज़िन्दगी जी सके, उसकी तकलीफों का अन्त हो, जीवन उल्लास और संगीत से भरा हो और धरती फूलों से सज जाए– यही तो सपना है। क्या यह सपना पूरा होगा? केदार निष्कंप विश्वास से उत्तर देते हैं–

हाँ
इसी जन्म में
इस जीवन में
हमको तुमको मान मिलेगा

गीतों की खेती करने को
पूरा हिन्दुस्तान मिलेगा।
क्लेश जहाँ है
फूल खिलेगा
हमको-तुमको त्रान मिलेगा
फूलों की खेती करने को
पूरा हिन्दुस्तान मिलेगा... (गुलमेंहदी)

केदार की काव्य-यात्रा की शुरुआत परतंत्र भारत में हुई थी। यह यात्रा नवें दशक तक जारी रही। उनकी कविता औपनिवेशिक भारत और स्वतन्त्र भारत के बनते-बदलते इतिहास की साक्षी है। इस दौर में भारतीय राजनीति के वर्ग-चरित्र पर कवियों की निगाह रही है। नागार्जुन, त्रिलोचन, शमशेर और मुक्तिबोध ने अपनी कविताओं में इस देश की सत्ता संरचना पर काबिज शक्तियों की पहचान की है। नागार्जुन ने कम्युनिस्ट एजेंडा के तहत आज़ादी को नकली कहा था। केदार भी इस आज़ादी को नकली ही मानते हैं, लेकिन उनके स्वर में क्षोभ की तल्खी है। नेहरू की नीतियों से स्पष्ट हो गया था कि देश एक दूसरी गुलामी की सुरंग में प्रवेश कर रहा है—

लन्दन गये—लौट आये।
बोलो! आज़ादी लाये?
नकली मिली है कि असली मिली है?
कितनी दलाली में कितनी मिली है?

अपने राजनीतिक चरित्र में यह आज़ादी चाहे जितनी झूठी हो, लेकिन उसके परिणाम पूरी तरह से सच थे। आज़ादी के साथ देश बँटा। हमारी धरती खून से सन गयी, हवा में नफ़ात एवं हिंसा का ज़हर भर गया। अपने ही देश के टुकड़ों में लाखों को विस्थापन की यातना से गुजरना पड़ा। देश अपने वर्तमान की हिंसा से आहत, असहाय था। आश्चर्य है कि अज्ञेय को छोड़कर किसी हिन्दी कवि के रचना-संसार में इस ऐतिहासिक जख़्म का जिक्र तक नहीं है। प्रगतिवादियों में केवल केदारनाथ अग्रवाल ने विभाजन की इस विराट त्रासदी पर मर्माहत होकर लिखा—

गेह जलता
गाँव जलता
लाज की साड़ी उतरती
रूह पर ही गाज गिरती
हो गयी सुनसान बस्ती!

उड़ गये प्यारे पखेरू छोड़कर घर-बार धरती।
राह, चौराहे, गली-कूचे हजारों
चिह्न पाँवों के छिपाये प्रियजनों के
श्वास साधे चुप पड़े हैं।...
आह धरती बँट गयी है
एक हिन्दुस्तान अब दो हो गया है
आग पानी औ' गगन तक बँट गया है।

'एक ही भूल' ('कहे केदार खरी-खरी' में संगृहीत)

आज़ादी के बाद नहेरू के नेतृत्व में सरकार बनी। प्रजातन्त्र कायम हुआ। स्वतन्त्र भारत का नया संविधान बना और लागू हुआ। विकास की योजनाएँ बनीं। आश्वासनों और चुनावों के सिलसिले चलते रहे। मगर आम आदमी की ज़िन्दगी में अँधेरा बढ़ता गया। बहुत जल्दी ही नेहरू के शासन का औपनिवेशिक और कुलीन चरित्र सामने आ गया। हिन्दी के प्रगतिवादी कवियों ने इस राजनीति, चुनाव तंत्र और भ्रष्टाचार पर व्यंग्य के माध्यम से भरपूर प्रहार किया। केदारनाथ अग्रवाल की कविताओं में भी भारतीय जनता के आक्रोश की गूँज सुनाई पड़ती है।

आग लगे इस रामराज में!
रोटी रूठी कौर छीना है
थाली सूनी अन्न बिना है
पेट धँसा है रामराज में (कहें केदार खरी-खरी)

केदार की दृष्टि में राजनीति का मौजूदा ढाँचा कुलीनों के पक्ष में है। अगर इस देश के करोड़ों आम लोगों को जीने का अवसर देना है, तो हमें एक वैकल्पिक राजनीति विकसित करनी होगी। क्या वामपन्थी राजनीति उसका विकल्प हो सकती है? केदार ने कहीं स्पष्ट रूप से इस प्रश्न का उत्तर तो नहीं दिया है, लेकिन उनके राजनीतिक मुहावरों में वामपन्थी शब्दावली का वर्चस्व है। केदार का सहज विश्वासी मन वामपन्थियों की राजनीतिक भाषा पर भरोसा करता है, लेकिन उनके जीवन और सिद्धान्तों के तीखे अन्तर्विरोधों को अनदेखा कर देता है। जो भी हो, केदार की राजनीति का एजेण्डा बिल्कुल साफ है। इस एजेण्डे में स्वाधीनता आन्दोलन के सपने भी हैं और आज़ाद भारत की कोटि-कोटि जनता की आशाएँ-आकांक्षाएँ भी—

हम उजाला जगमगाना चाहते हैं
अब अँधेरे को मिटाना चाहते हैं
हम सबों को सम बनाना चाहते हैं
अब बराबर पर बिठाना चाहते हैं

हम उन्हें धरती दिलाना चाहते हैं
जो वहाँ सोना उगाना चाहते हैं। (जो शिलाएँ तोड़ते हैं)

केदार की राजनीतिक चेतना भविष्योन्मुखी है। वे कम्युनिस्ट राजनीति से प्रभावित जरूर हैं लेकिन उसका अन्ध अनुकरण नहीं करते, इसलिए उनकी राजनीतिक कविताओं में इस देश की साधारण जनता का मन और संस्कार बोलता है।

5

केदारनाथ अग्रवाल ने 'अपूर्वा' की भूमिका में लिखा है—"मेरी अधिकांश कविताएँ छोटे कद की हैं। देखने में सहज-साधारण लगती हैं। न फैशनेबुल हैं, न नाटकीय, मंचीय तो वे कतई नहीं हैं।" केदार की कविता में विचारों के प्रबन्ध की जगह विचार और अनुभव खंडों की प्रधानता है। वे घटना, दृश्य या विचार को काव्यानुभूति में रूपान्तरित होने की प्रतीक्षा नहीं करते। इसलिए उनकी अधिकांश कविताएँ वक्तव्य और विवरण से आगे नहीं जा पातीं। ऐसी कविताओं की संख्या इतनी अधिक है कि उनकी श्रेष्ठ कविताएँ या तो ओझल हो जाती हैं या उनके महत्त्व का पता नहीं चलता। केदार ने कुछ विलक्षण गीत लिखे हैं। 'माझी! न बजाओ बंशी', 'धीरे उठाओ मेरी पालकी', 'नाव मेरी पुरइन के पात की' तथा 'टूटे न तार तने' जैसे गीत विशेष रूप से उल्लेखनीय हैं। मन के कोमल भावों को देह, पानी और जहाज की पृष्ठभूमि में उभारा गया है। साथ होने के बावजूद गीत की लय और परिवेश में उदासी का एक बेहद मद्धिम संगीत है। क्या यह उदासी 'प्रन' के टूटने की है? क्या प्रेम के चरम बिन्दु से ही उसके अन्त की शुरुआत नहीं होती? क्या इस कविता में ध्वनित उदासी प्रेम को पा लेने के क्षणों में ही उसके खो देने के अहसास का परिणाम है? केदार ने कई उद्‌बोधन, आह्वान और जागरण गीत भी लिखे हैं जिनमें ओज का स्वर प्रधान है।

केदार की काव्य-भाषा का सर्वाधिक महत्त्वपूर्ण पक्ष है—उपमानों की नवीनता। इन उपमानों में सघन ऐन्द्रिय स्पर्श का स्पन्दन है—

धूप नहीं, यह
बैठा है खरगोश पलँग पर
उजला,
रोएदार, मुलायम... (फूल नहीं रंग बोलते हैं)

उपमान की यह नवीनता केवल शब्दों का खेल नहीं है, बल्कि वह कवि की अनुभूति में हुए परिवर्तन का परिणाम है। युग-परिवेश से कवि की काव्यानुभूति में होने वाले परिवर्तन का पहला प्रभाव उसकी उपमान-योजना पर पड़ता है। केदार के

उपमानों का स्रोत प्रकृति है। धूप, नदी, रात, दिन, पहाड़, आकाश आदि को लेकर उन्होंने टटके और प्रभावशाली उपमानों की योजना की है—

मौन पक्षी-सा
बड़ा दिन
नीम पर
बैठा रहा (फूल नहीं रंग बोलते हैं)

केदार अपने उपमानों से बिम्बों से एक वातावरण निर्मित करते है। कविता में उपमान की ताज़गी और बिम्ब की सघन चित्रमयता अगर पाठक की चेतना में एक नये अनुभव का स्फुरण नहीं करते तो उसकी कलात्मक उपलब्धि जितनी बड़ी हो, उसका रचनात्मक मूल्य अधूरा रह जाता है। केदार में यह सृजनात्मक प्रतिभा है कि वह रचना की कलात्मक उपलब्धि को अनुभूति की सघनता तक ले जाते हैं। 'रात' को प्रस्तुत करने का केदारीय अन्दाज देखिए—

दिन हिरन-सा चौकड़ी भरता चला
धूप की चादर सिमट कर खो गयी
खेत, घर, वन, गाँव का
दर्पण किसी ने तोड़ डाला
शाम की सोना-चिरैया
नीड़ में जा सो गयी,
पेड़-पौधे बुत गये जैसे दीये
केन ने भी जाँघ अपनी ढाँक ली,
रात है यह रात, अन्धी रात
और कोई कुछ नहीं है बात। (फूल नहीं रंग बोलते हैं)

केदार की कविता प्रधानतः वाचालता से ग्रस्त और त्रस्त है। कविता की रचनात्मकता ज्ञात को अनावृत्त करने में नहीं, बल्कि अर्थ की नयी सम्भावनाओं से उसे जोड़ने में है। कवि यह काम भाषा की प्रतीकात्मकता की सहायता से करता है। कविता में प्रतीक की सत्ता केवल शब्दों में नहीं होती। कई बार तो कवि पूरी कविता को ही प्रतीक में रचता है। केदार में यद्यपि ऐसी कविताएँ कम हैं, लेकिन जो हैं, वे हिन्दी कविता की शक्ति और सृजनात्मकता की उपलब्धि हैं। शब्दों से परिवेश रचने में केदार सिद्ध कवि हैं। वे कहने की अधीरता को छोड़कर भाषा में अपने समय के अनुभव को साकार करते हैं। उनकी एक कविता है 'चिन्ता की रात'—

रात चुप है
दूर, घंटों दूर दिन है!

सूर्य का पथ
रश्मि की रज
राग-भीनी वात चुप है!
भूमि चुप हैं
नीर चुप है
व्योम का विस्तार चुप है
दूर ओझल स्वर्ण का जलजात चुप है! (वसंत में प्रसन्न हुई पृथ्वी)।

गला फाड़कर लेनिन, माओ, रूस, चीन का नारा लगाने वाला कवि साम्यवाद, क्रान्ति का नगाड़ा बजाने वाला कवि, अनुभूति की ऐसी गहराइयों में उतर सकता है, अपने अभिप्राय को इतने कलात्मक सन्तुलन से रख सकता है—यह चमत्कार से कम नहीं है। ऐसा चमत्कार केदार कर सकते हैं, करते हैं। कहाँ हथौड़ा, हँसिया की स्थूलता और कहाँ 'स्वर्ण का जलजात!' कविता विचारों को तीर या पत्थर की तरह नहीं फेंकती... वह विचार को अपने ढंग से, अपने मुहावरे में गढ़ती है। केदार में विचार को कविता के मुहावरे में ढालने की क्षमता है, लेकिन इस क्षमता का सदुपयोग वे कभी-कभार ही करते हैं।

केदार की काव्य-शैली अभिधात्मक है। उन्होंने घटनाओं पर और व्यक्तियों पर ढेरों कविताएँ लिखी हैं। निराला, नागार्जुन, शमशेर आदि पर लिखी उनकी कविताओं की चर्चा भी हुई है। ऐसी कविताओं को रचना की श्रेणी में नहीं रखा जा सकता। वे महज वक्तव्य हैं या सूचनाएँ हैं। 'नागार्जुन' पर लिखी कविता निश्चित रूप से अपवाद है। उस कविता की सबसे बड़ी विशेषता है—आत्मकथ्य की ऊष्मा। उस कविता में केदार का जीवन, परिवेश और एक मित्र के साहचर्य से मिलने वाली खुशी का सहज वर्णन है। सन् 1972 में 'मीना कुमारी की मृत्यु पर' केदार ने कविता लिखी। इस कविता के कुछ अंशों को देखा जाए—

रेत में
खो गयी नदी
सागर पछाड़ खाता है इन्तज़ार में
अदृश्य में
उड़ गयी रोशनी...
हवा का रुक गया है जुलूस
प्यार के मज़ार के पास
झुक गयी है नक़ाब ओढ़े दर्द की डाल
न आग है, न आग का नाच

सपाट है बर्फ़ की सड़क
बिना पद-चाप के
अनन्त को चली गयी, मौन हुई! (पंख और पतवार)

यकीन करना मुश्किल है कि केदार ऐसी कविता भी लिख सकते हैं! यह कहना बेमानी है कि एक कवि को क्या और कैसे लिखना चाहिए, लेकिन इतना जरूर कहा जा सकता है कि केदार में अनुभूति की ऐसी ही गहराई और अभिव्यक्ति का कलात्मक संयोजन अधिक रचनाओं में होता तो हिन्दी कविता का भला होता।

❑❑